记录中国铁路建设技术发展历程
凝聚智能、安全、绿色科技创新成果

百年京张　历史跨越

京张高铁
站房站城融合设计

STATION-CITY INTEGRATION DESIGN OF BEIJING-
ZHANGJIAKOU HIGH-SPEED RAILWAY STATION

中铁工程设计咨询集团有限公司 / 组织编写
张 婷 马国友 鲍英华 孙 行 等 / 著

人民交通出版社股份有限公司
北 京

内 容 提 要

本书为"京张高铁设计与技术创新丛书"之一。结合高速铁路站房建设发展与站城融合趋势，系统地分析了京张高铁站房建设背景与站城融合价值，从站房站域空间及综合性站房建筑空间两个角度，深入阐述了京张高铁站房站城融合设计方法和建造技术，介绍了站城融合理念下重构站房—城市空间的方法，及其在绿色人本、文化契合、空间重构、景观廊道等方面的创新性设计成果，并介绍了京张高铁站房站城融合使用后评价体系。

本书可供高铁站房的设计人员、研究人员以及相关专业高校师生参考使用，也可供对高铁建设感兴趣的读者阅读。

图书在版编目（CIP）数据

京张高铁站房站城融合设计 / 张婷等著. —北京：人民交通出版社股份有限公司，2021.8
ISBN 978-7-114-17292-2

Ⅰ. ①京… Ⅱ. ①张… Ⅲ. ①高速铁路—铁路车站—站房—结构设计—研究 Ⅳ. ① U291.1

中国版本图书馆 CIP 数据核字（2021）第 091165 号

审图号：GS（2021）5373 号

Jing-Zhang Gaotie Zhanfang Zhancheng Ronghe Sheji

书　　名：	京张高铁站房站城融合设计
著 作 者：	张　婷　马国友　鲍英华　孙　行　等
责任编辑：	吴燕伶
责任校对：	刘　芹
责任印制：	张　凯
出版发行：	人民交通出版社股份有限公司
地　　址：	（100011）北京市朝阳区安定门外外馆斜街3号
网　　址：	http://www.ccpcl.com.cn
销售电话：	（010）59757973
总 经 销：	人民交通出版社股份有限公司发行部
经　　销：	各地新华书店
印　　刷：	北京印匠彩色印刷有限公司
开　　本：	787×1092　1/16
印　　张：	12.25
字　　数：	245千
版　　次：	2021年8月　第1版
印　　次：	2021年8月　第1次印刷
书　　号：	ISBN 978-7-114-17292-2
定　　价：	118.00元

（有印刷、装订质量问题的图书由本公司负责调换）

本书编审委员会

主任委员：张　婷

副主任委员：马国友　鲍英华　孙　行

编　　委：（排名不分先后，按姓氏笔画排序）

丁　丁　丁福艳　王　永　王欣睿　王晓枫
王　捷　王　强　方　健　冯小学　田　心
付永强　孙秀霞　孙　婷　许　茁　许鸣悦
闫凯乐　刘俊彤　刘瀚舒　李心雨　李宇辰
李　岩　李金冬　李恒兴　李新宇　张文磊
张　宁　张　倩　陈志强　陈婷婷　武　昕
赵　岩　欧　宁　杨凤芝　杨　帆　杨　婷
孟彬彬　胡　燚　姚立敏　郑　玲　候雁秋
贾玉琪　耿婧文　郭青骅　郭振勇　倪福宁
韩传虹　韩　松　蒋洁菲　焦新征　傅慧敏
谢可欣　蔡　珏　薛利珍

主　　审：蒋伟平

审稿专家：曹永刚　乔俊飞　周江天　赵巧兰

前言

　　纵观整个铁路发展的历史，对于城市和旅客来说，客站是一个伟大的存在，早期的铁路客站主要起到组织旅客乘车的作用，在人们的记忆中，总是有很多悲欢离合的故事在那里发生。在铁路建设飞速发展的今天，一座座不断涌现的高速铁路客站成为城市一张张绚丽的名片，不仅承载着人们的高铁生活，也作为城市的标志性符号，引领着城市的布局与发展。

　　"站"与"城"之间总有着密不可分的关联，在中国高铁飞速发展、加快建设交通强国重大战略决策的引领下，专家学者们提出了站城融合、站城一体化发展的理念和构想，着力于探讨车站与城市之间的协同、共生、互促，描绘着未来站城融合发展的伟大蓝图。

　　京张高铁沿线的一座座车站也在这样的语境下应运而生。京张高铁在众多的铁路线路中具有特殊的意义，百年前的京张铁路承载着中国人自主修建铁路的梦想，百年后的今天，京张高铁则向全世界展示了中国高铁建设的实力；作为服务2022年北京冬奥会的交通设施，京张高铁是展示中国文化的移动舞台，也是展现奥运精神的空间载体。在即将到来的2022年北京冬奥会，它必将凝聚着全世界的目光。

　　京张线是国家铁路网京包兰通道及西北至华北区际通道的重要组成部分，是承担西北与华北、东北等地区间、华北地区之间中长途客流为主的通道，对形成北京至呼包鄂便捷通道具有重要意义。京张高铁也是京津冀城际铁路网的重要组成部分，对于加强京张两地合作具有重要作用。京张高铁的修建通车，使京张两地间铁路旅行时间缩短到1h以内，对于加强两地间经济密切联系，促进京西地区旅游发展，改善沿线地区交通运输条件，全面满足沿线地区日益增长的运输需求等具有重要意义。

　　崇礼支线是北京市区至冬奥会崇礼赛区交通基础设施，是成功举办2022年冬奥会、建设交通基础设施的需要。习近平总书记强调：京张高铁是北京冬奥会的重要配套工程，其开通运营标志着冬奥会配套建设取得了新进展，其他各项筹备工作也都要高标准、高质量推进，确保冬奥会如期顺利举办。

新时代铁路客站"畅通融合、绿色温馨、经济艺术、智能便捷"建设理念，是对站城融合理念的深刻思考。京张高铁车站的设计践行客站建设理念，对站房、站场、站区生产生活房屋、站前广场、配套枢纽等工程内容进行统筹设计、持续优化，全力打造"精品工程、智能京张"。从规划角度，重新审视"站"与"城"的关系，实现"畅通融合"；践行绿色发展和人文关怀下的设计新理念，实现站房"绿色温馨"；注重客站功能、技术和艺术的完美结合，实现站房"经济艺术"和"智能便捷"。

从京张铁路到京张高铁，是中国从自主设计修建零的突破到世界最先进水平的跨越，见证了中国铁路的发展和综合国力的飞跃。京张高铁的建成运营是践行了党的十九大作出的加快建设交通强国的重大决策部署的创新实践。在即将举办的2022年北京冬奥会中，京张高铁更会以她承载文化信息的站房空间、高效的流线组织、智能便捷的服务打出一张闪亮的中国高铁名片。

《京张高铁站房站城融合设计》一书作为"京张高铁设计与技术创新丛书"中的一册，受到多方领导的重视和支持。本册由中铁工程设计咨询集团有限公司建筑院与北京交通大学鲍英华副教授及其团队联合编写。相信《京张高铁站房站城融合设计》可以使读者了解到那一座座开创世界高铁客站创作之最的车站是凝结了设计创作者怎样的设计构思和心路历程，他们从什么样的角度解读了站与城的关系，解决了怎样复杂的交通衔接问题，又赋予了站房空间怎样的文化信息与呈现。也希望读者可以透过这些解读，发掘车站与城市之间的关联，得到自己的思考和答案。

由于作者水平和能力有限，书中难免有疏漏和不妥之处，敬请读者指正。

作　者

2021 年 4 月

目录

第1章 绪论 ... 1

1.1 概述 ... 2
1.2 "站城融合"理念的提出与发展趋势 ... 5
1.3 铁路网布局新思维对站房设计理念的引领 ... 12
1.4 京张高铁站房站城融合设计基本思路 ... 14

第2章 京张高铁站房建设背景与站城融合价值 ... 17

2.1 历史背景——京张铁路的百年沿革 ... 18
2.2 事件背景——奥运场馆连线上的交通节点 ... 20
2.3 地域背景——京津冀一体化建设 ... 22
2.4 京张高铁站房站城融合的价值 ... 23

第3章 京张高铁站房站域空间的站城融合设计 ... 29

3.1 线城布局——京张高铁线路与区域的布局关系 ... 30
3.2 站城融合——京张高铁站房与城市空间的融合关系 ... 44
3.3 站区整合——站房场地设计与周边环境的整合设计 ... 61

第4章 京张高铁综合性站房建筑空间站城融合设计 ... 103

4.1 多元复合的功能空间设计 ... 106
4.2 站房内部交通流线组织与整合 ... 118
4.3 蕴含文化信息符号的空间营造 ... 127

4.4 建造技术突破与整合 138

4.5 以人为本的智能运维 143

第 5 章　基于站城融合的京张站房建设后评价研究 149

5.1 京张高铁站城融合的评价内容 150

5.2 京张高铁站城融合的评价目标 151

5.3 京张高铁客站站城融合使用后评价指标体系 153

5.4 奥运期间使用后评价 167

第 6 章　面向未来的京张高铁站房 171

参考文献 177

CONTENTS

Chapter 1 Introduction 1

    1.1 Overview 2
    1.2 The Proposal and Development Trend of Station-city Integration Concept 5
    1.3 The New Thinking of Railway Network Layout Leads to the Design Idea of Station 12
    1.4 The Basic Ideas of Station-city Integration Design for Beijing-Zhangjiakou High-speed Railway Station 14

Chapter 2 The Construction Background of Beijing-Zhangjiakou High-speed Railway Station Building and the Value of Station-city Integration 17

    2.1 Historical Background—Centennial Evolution of the Beijing-Zhangjiakou Railway 18
    2.2 Event Background—the Traffic Node on the Connection of Olympic Venues 20
    2.3 Regional Background—the construction of Beijing-Tianjin-Hebei Integration 22
    2.4 The Value of Station-city Integration of Beijing-Zhangjiakou High-speed Railway Station Building 23

Chapter 3 Station-city Integration Design of Station Space of Beijing-Zhangjiakou High-speed Railway Station Building ··· 29

    3.1 Line City Layout—the Layout Relationship between Beijing-Zhangjiakou High-speed Railway Lines and Regions ·············· 30

    3.2 Station-city Integration—the Integration Relationship between Beijing-Zhangjiakou High-speed Railway Station Building and Urban Space ·············· 44

    3.3 Station Area Integration—the Integrated Design of Station Building Site Design and Surrounding Environment ·············· 61

Chapter 4 Station-city Integration Design of the Comprehensive Station Building Space of Beijing-Zhangjiakou High-speed Railway ·············· 103

    4.1 Multi-functional Space Design ·············· 106
    4.2 Organization and Integration of Internal Traffic Flow Lines in Station Buildings ·············· 118
    4.3 Space Construction Containing Cultural Information Symbols ········ 127
    4.4 Breakthrough and Integration of Construction Technology ·············· 138
    4.5 People-oriented Intelligent Operation and Maintenance ·············· 143

Chapter 5 Post-evaluation Research on the Construction of Beijing-Zhangjiakou High-speed Railway Station Building Based on Station-city Integration ·············· 149

    5.1 Evaluation Content of Station-city Integration of Beijing-Zhangjiakou High-speed Railway Station Building ·············· 150
    5.2 Evaluation Target of Station-city Integration of Beijing-Zhangjiakou High-speed Railway Station Building ·············· 151
    5.3 Post Occupancy Evaluation Index System of Station-city Integration of Beijing-Zhangjiakou High-speed Railway Station Building ·············· 153
    5.4 Post Occupancy Evaluation During the Olympic Games ·············· 167

Chapter 6   The Future-oriented Beijing-Zhangjiakou High-speed Railway Station Building ········· **171**

References ········· **177**

1909年，詹天佑主持修建了由中国人自主设计和建造的第一条铁路——京张铁路，百年后的今天，在国家发展战略背景下与站城融合行业发展理念的引领下，京张高铁又开世界智能铁路之先河。京张高铁由我国自主设计建造，线路全长173.964km，是世界上最先进的时速350km的高寒、大风沙、高速智能铁路。它的建设对于增进西北地区与京津冀地区人员的交流往来，以及促进京津冀地区协同发展具有重大意义，张家口到北京仅56min，实现了同城效应。

京张高铁客站的建设从国家节约集约利用土地、生态文明建设、交通强国建设的总目标出发，贯彻落实中国国家铁路集团有限公司（简称"国铁集团"）铁路客站建设理念，秉承站城融合发展理念，深入研究线与城的布局关系、站与城的融合关系。从站房建设与客站建设理念、设计规模、设计内涵、设计管理等多个方面作出重要调整，践行"畅通融合、绿色温馨、经济艺术、智能便捷"的设计理念。

1.1 概述

铁路站房在城市建设与交通运输中发挥重要作用。在国土空间规划模式从增量发展转变为存量优化与更新的背景下，推动铁路新建站房与既有城市环境的融合设计，具有重要现实意义。

1.1.1 节约集约利用土地

保护耕地、节约集约用地，是近二十多年我国地政建设与变革中贯穿始终的一条主线，也是我国的一项基本国策。提升城市土地利用效率是我国当前可持续发展与绿色城镇化进程的紧要任务之一。《节约集约利用土地规定》提出要通过规模引导、布局优化、标准控制、市场配置、盘活利用等手段，达到节约土地、减量用地、提升用地强度、促进低效废弃地再利用、优化土地利用结构和布局、提高土地利用效率的总体目标。

随着大城市土地日趋紧缺，铁路客站正逐步被铁路交通枢纽综合体所取代，铁路站房的土地利用空间形态布局原则也发生很大的转变，表现出土地利用的复合化、多维化和综合化特点。伴随着我国上一轮高铁建设高潮，站房及交通枢纽也迎来一个快速发展的战略机遇期。《中长期铁路网规划》(2016)提出：为满足快速增长的客运需求，优化拓展区域发展空间，在"四纵四横"高速铁路的基础上，增加客流支撑、标准适宜、发展需要的高速铁路，部分利用时速200km铁路，形成以"八纵八横"主通道为骨架、区域连接线衔接、城际铁路补充的高速铁路网，实现省会城市高速铁路通达、区际之间高效便捷相连。京张高铁是"八纵八横"京兰通道的重要组成部分，也是2022年北京冬奥会（以下简称"2022年冬奥会"）重要配套基础设施工程，京张高铁沿线设站房11座，其中2座位于北京市城区，站房的建设必须按照国家节约集约利用土地的规定，提高站房用地范围内空间的利用效率。

1.1.2 生态文明建设

"美丽中国"的生态文明建设在党的十八大第一次被纳入中国特色社会主义事业总体布局。党的十九大报告将建设生态文明提升为"千年大计"，提出"必须树立和践行绿水青山就是金山银山的理念，坚持节约资源和保护环境的基本国策，像对待生命一样对待生态环境"。

铁路沿线是生态修复的重点。把车站、景区、城市周边等作为绿化重点区域，在功能防护的基础上充分考虑景观效果，道路两侧分隔带种植乔木、灌木等植物，发挥其降低噪声和净化、美化环境的作用，打造"四季常绿、三季见花"的绿色生态长廊。留下"金山银山"，造福子孙后代。保护好"一草一木"，将生态理念贯穿始终，对高铁建设贯彻"绿色交通"发展理念提出了新的要求。

基于此，在保障高铁在复杂的环境下安全运行的前提下，进一步美化高铁沿线景观，京张高铁专项编制了《京张高铁生态廊道绿化设计方案》，提出了"科学编制方案，注重地域特色，统一界内、界外标准，突出重点区域、重点路段和重要节点，确保高质量完成生态廊道绿化任务，打造京津冀高标准高质量绿色生态景观带"的建设目标。

1.1.3 新时代城镇化建设

新时代对新型城镇化建设提出了新要求。《2020年新型城镇化建设和城乡融合发展重点任务》中的总体要求是：坚持新发展理念，加快实施以促进人的城镇化为核心、提高质量为导向的新型城镇化战略，提高农业转移人口市民化质量，增强中心城市和城市群综合承载、资源优化配置能力，推进以县城为重要载体的新型城镇化建设，促进大中小城市和小城镇协调发展，提升城市治理水平，推进城乡融合发展。

高速铁路作为连接城镇各个节点的重要出行方式，对城镇的发展具有重要的保障作用，并对城镇经济的发展起到了巨大的推动作用。铁路线网带动城镇化发展，以铁路站房的建设和发展形成对所在区域的综合承载力的提高以及建构以铁路交通枢纽为核心的空间资源优化配置的城镇化格局具有重要意义。京张铁路沿线站房的建设在京张沿线城镇化建设和新时期城镇化建设转型中扮演着不可或缺的角色，这就对站房和交通枢纽的设计定位和设计理念都提出了新的要求。

1.1.4 交通强国建设

交通强国建设是以习近平同志为核心的党中央立足国情、着眼全局、面向未来作出的重大战略决策，是建设现代化经济体系的先行领域，是全面建成社会主义现代化强国的重要支撑，是新时代做好交通工作的总抓手。

《交通强国建设纲要》的总目标是：到2020年，完成决胜全面建成小康社会交通建设任务和"十三五"现代综合交通运输体系发展规划各项任务，为交通强国建设奠定坚实基础。从2021年到21世纪中叶，分两个阶段推进交通强国建设：到2035年，基本建成交通强国；到21世纪中叶，全面建成人民满意、保障有力、世界前列的交通强国。

《交通强国建设纲要》明确提出：建设城市群一体化交通网，推进干线铁路、城际铁路、市域（郊）铁路、城市轨道交通融合发展，完善城市群快速公路网络，加强公路与城市道路衔接。尊重城市发展规律，立足促进城市的整体性、系统性、生长性，统筹安排城市功能和用地布局，科学制定和实施城市综合交通体系规划。

交通强国建设战略背景下的高速铁路站房建设在"立足促进城市的整体性、系统性、生长性"总要求下，应更加重视站城融合发展和建设。京张高铁沿线站房是国家综合立体交通网规划中的重要节点，作为2022年冬季奥运交通线和京张铁路文化线，还承载着向世界展示中国铁路文化和中国铁路建设成就的光荣历史使命，这些都对站房和交通枢纽的设计定位和设计理念提出了更高的要求。

◎ 1.1.5　京津冀协同发展

中央政治局会议审议通过的《京津冀协同发展规划纲要》指出，推动京津冀协同发展是一个重大国家战略，核心是有序疏解北京非首都功能，要在京津冀交通一体化、生态环境保护、产业升级转移等重点领域率先取得突破。

京津冀协同发展战略的核心是京津冀三地作为一个整体协同发展，要以疏解"非首都核心功能"、解决北京"大城市病"为基本出发点，调整优化城市布局和空间结构，构建现代化交通网络系统，扩大环境容量生态空间，推进产业升级转移，推动公共服务共建共享，加快市场一体化进程，打造现代化新型首都圈，努力形成京津冀目标同向、措施一体、优势互补、互利共赢的协同发展新格局。《"十三五"时期京津冀国民经济和社会发展规划》的一项重点发展任务就是互联互通，加快重大基础设施建设。重点是加快交通一体化建设，建设轨道上的京津冀及完善便捷通畅的公路交通网，打造国际一流的航空枢纽，构建世界级现代港口群，提升交通绿色和智能化管理水平。

京张高铁的建设是京津冀互联互通轨道交通网上的重要一环，对完善西北华北区际通道、优化铁路网布局，加快构建首都经济圈区域轨道交通网，促进沿线地方经济和旅游业快速发展，以及成功举办2022年冬奥会建设交通基础设施，充分满足通道客货运需求的快速增长，实现各种运输方式的协调发展，建设"资源节约型、环境友好型"社会、实现区域环境可持续发展，均具有十分重要的推动作用。京张高铁沿线站房是高铁线路的节点，高铁运力的建筑空间保障，也是承载旅客交通出行行为的最为直接的空间载体，建设轨道上的京津冀，是对高铁运力提出的新要求，也是对高铁站房建设理念提出的高要求。

1.2 "站城融合"理念的提出与发展趋势

"站城融合"源于20世纪初日本轨道交通站点及站域的综合开发。站城融合发展是指城市结合自身条件，依托铁路发展的溢出效应，因地制宜地采取措施以实现铁路客站及其周边区域协同发展的策略，最终形成铁路建设带动城市发展、城市发展反哺铁路建设的双赢局面。

运用"站城融合"理念指导铁路客站的设计建设，使其以"交通枢纽+城市综合体"的模式与城市在交通、社会、环境等方面建立良好的协同关系，从而满足目前城市紧凑化发展、高铁规模化建设和民众多元化生活的综合需求。同时，站城融合理念对于我国城市可持续发展及铁路交通更新发展也具有积极意义。

1.2.1 站城融合设计理念的发展

1）站城融合的设计理念（TOD、站城一体化、站城融合）

美国新城市主义倡导者彼得·卡尔索普总结了美国城市蔓延所导致的一系列社会问题，分析其根源，结合生态环境可持续发展和社区营造的基本原则，在《未来美国都市：生态、社区和美国梦》（1992）一书中首次提出了TOD（Transit-Oriented Development）模式，TOD模式可以直译为"以公共交通为导向的发展模式"：以公共交通枢纽和车站等大客流量的集散交通设施为核心，在适合步行5~10min可达的半径400~800m的范围建立具备混合用途可能的区域，如商业、文化、教育、居住等功能，旨在建立一定范围内以轨道交通站点为核心的高密度使用场所。TOD模式强调公共交通与土地利用的整合，以形成更为紧凑和人性化的城市空间形态。高密度的综合土地开发、混合使用的复合化多功能业态布局、交通连接的可达性及方便度，是TOD开发模式的主要特征。

"站城一体化"是轨道交通和城市建设相辅相成、实现"共同发展结构"的模式。日本是世界上"站城一体开发"模式实践最早、应用最广、发展最成熟的地区之一，如今许多城市形成了独特的紧凑、集合体结构。区别于欧美的轨道交通发展模式（TOD），日本不是由于城市无序蔓延后，出于对生态环境的考量才开始推广以轨道交通为导向的站城一体化开发，而是从20世纪20年代就开始进行了"城市建设"与"轨道交通"发展结合的探索。日本的站城一体化发展有两种模式：一是"以枢纽站为中心的高度复合、集聚型开发模式"来建立城市活动中心；二是通过"与铁道建设同步的沿线型开发"来实现轨道交通最大化，两种模式各有优势。

日本在第二次世界大战后以"官民协动"方式构建功能复合的"民众车站"，发展至今已成为集交通、商业、市政于一体的城市枢纽。对此，日本学者奥森清喜在《实现亚洲城市的站城一体化开发——展望城市开发联合轨道建设的未来》一书中指出，城市核心性、步行环游性、功能聚集性、城市特色性以及生态节能性是推动站城融合的关键要素。总体上，站城融合作为一种集约化、协同化的发展方式，符合当代城市可持续发展需求，通过发展以客站为核心的交通枢纽或城市综合体，将交通、城市、环境等功能有机整合，以满足当代城市发展和民众生活的综合需求。

2）站城融合设计在中国的实践

从新中国成立以来发展铁路事业，到现在的站城融合和智能化铁路，我国的站城关系经历了4代更迭，如图1-1、图1-2所示。

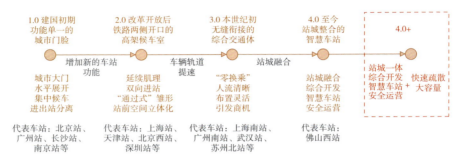

图1-1　我国铁路客站发展历程

（资料来源：石郁萌，京津冀精品客站站城一体化研究）

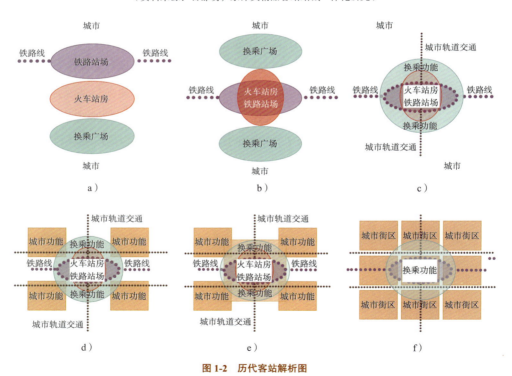

图1-2　历代客站解析图

（资料来源：盛晖，站与城——第四代铁路客站设计创新与实践）

最早的火车站是城市内外交通的衔接点，被誉为"城市大门"。新中国成立后，我国第一代铁路客站，如北京站、广州站、长沙站等，都是"铁路+站房+广场"的平面组合。站房作为节点，一侧是通向城市之外的铁路，另一侧是接驳市内的站前广场。作为"城市大门"，车站往往体量庞大，气势雄伟，更多的是强调站房的独立性存在，而"城"的功能是围绕着"站"设置的，站前广场往往是城市道路的收尾和尽端。

改革开放后，我国迎来了一轮铁路建设高潮，随之产生了第二代火车站，出现了将站房跨越铁路的设置方式，旅客可以从铁路的双侧进入，典型案例如上海站、北京西站、郑州站、天津站等。这种跨越铁路的设站方式在缩短流线、节约土地的同时，也把被铁路分隔的城市连接起来，使站与城的衔接更为紧密。站前广场集结了多种交通方式，火车站成了城市重要的交通枢纽之一，但是往往与另一对外交通方式的长途客运站相近或相邻，从未共站设置。与此同时，客站还出现了线侧站房综合楼的形式，可以认为是一种早期的铁路引入客运以外城市功能的尝试。这一阶段的"站"，除一贯的形象需求以外，也开始思考和顾及与"城"之间的关系。

21世纪之初建设的大批高铁车站，属于我国第三代火车站，如北京南站、武汉站、广州南站、上海虹桥站等。第三代火车站的主要特征是干线铁路与其他对外交通方式（如城际铁路、长途公路客运、水路客运、航空客运等）集合设站，形成以铁路客站为中心、与其他交通无缝衔接的综合客运交通枢纽。在城市交通配套方面也更加完备，尤其是城市轨道交通的引入，极大地方便了旅客的出行与换乘。这一阶段的"站"与"城"已形成交通的基本融合，与城市交通的衔接涵盖地下、地面及线上，呈现出全方位和立体化趋势。突出"站"的形象仍然是"城"的需求，车站往往是一体化覆盖铁路站场与主要换乘设施的巨大枢纽体，中心对称，气势宏伟。第三代客站时期，开始有了站城融合的共识，但是受建设时序和土地性质整合难度所限，站城融合进程大多停留在规划概念上，实际操作多限于毗邻开发或预留开发。

近年来，随着国家支持鼓励站城融合发展配套政策的逐步完善，TOD可持续发展理念深入人心，越来越多的铁路客站和城市建设规划在前期就开始密切筹划，路地双方向着一个共同的目标努力。随着北京城市副中心通州站、广州白云站、杭州西站等一批创新客站方案的确定和付诸实施，我国的铁路客站建设终于进入了第四代发展时期，也可以称其为高铁客站的2.0版本。这一代铁路客站的最主要特征是"站城融合"，城市与车站没有截然的界限，更没有割裂的阻碍。铁路客站引入城市其他功能，成为以交通为中心的城市综合体；城市以铁路客站建设为契机，引导城市更新与发展。至此，我国铁路客站即将完成美丽的蜕变，建设理念完全与世界接轨，智能运用与时代同步。加之他国难以比肩的高铁客站建设需求和速度，使我们在设计建造技术上有条件实现引领和创新发展。

"站城融合"是社会经济、综合交通系统发展到一定阶段的必然产物。伴随中国高速铁路的发展具有显著的中国特色，并以整体性发展的方式提高城市机能的运转效率，促进城市功能的复合化发展，打破客站与城市的"割裂"状态，做到真正意义上的站城一体、畅通融合。在当今时代背景下，铁路客站作为城市中的重要建筑类型，和城市加强融合与协同发展，将铁路客站建设与城市规划相结合已是当务之急。因此，适合中国铁路客站建设和城市建设特点的

"站城融合"设计理念也逐渐成为铁路客站与城市多种功能体协调发展的新方向和新趋势。

1.2.2 站城融合的发展模式

不难发现，TOD 是一种针对现实问题提出的理想化的发展模式。站城一体化发展理念与 TOD 发展模式类似，更注重交通、车站与城市发展的并行关系。站城融合的提出是从发展模式角度的提法引导到设计层面的问题。

站城融合的设计理念是建立在站城一体化发展模式的基础之上，站城一体化发展是理想的模式和根本的出发点，然而在实际的城市发展演变过程中，空间的规划必须要考虑到时间的维度。我国不同层级的城市发展情况具有较大的差异，土地利用情况、区域和城市的人口规模、高铁线路需要解决的运量和运力都各不相同，因此高铁客站与城市的关系也千差万别，尽管站城一体化发展的思路是具有前瞻性和必然性的，但在实操落地的层面还是需要具体的站城融合设计理念的建立、引导和评价。

中国城市的发展有自己的国情和特点，站城融合的设计需要因地制宜、因时制宜，不能一概而论。2020 年在杭州举办的"站城融合发展"战略研究论坛就提出了站城融合要坚持走适合中国国情、路情的发展之路，应因城而异、因地制宜、因势利导。京张线全线大部分客站并非新建车站而为改造车站，这就决定了站城融合的设计不能够照搬新建客站的宏观层面 TOD 模式，而应该从站城融合的本质出发研究设计由规划到场地再到建筑的各个设计层面的站与城之间、站与人之间共生共融的相互引导密切衔接的关系。

站城融合的设计从发展演变的过程中可以发现，其本质是重视站与城之间的连接共生的关系，这个关系存在于区域、城市、站域、建筑由宏观到微观的多个层面。

1）站线一体化发展

站线一体化发展模式是随着高速铁路的发展，城市间的时间距离大大缩短，以高速铁路为发展轴线，以站点为核心，将铁路建设与城市建设一体化进行的开发模式，一方面可以通过铁路的运力带动人口流动，带来城市间的交流互动经济往来，另一方面，通过新铁路客站的建设，以及便利的生活服务设施的配置，使得城市以及铁路客站周边的土地整体附加值得以提升，反哺于铁路建设和新城镇开发。这种开发模式形成的廊道是城市空间扩展的骨架，会对城市的就业和居住空间关系产生深远的影响。

2）以客站为核心的区域一体化发展

城市系统化、网络化发展是城市发展的必然趋势，多中心环状枢纽体系是伴随着大城市由单中心向多中心网络化发展的必然产物。铁路客站引导城市空间结构多中心化发展，并实现功能多中心协同和体系化发展，是从着眼于单个站点和中心的发展转变为对整个城市乃至区域内各个站域（节点）和中心之间的功能联系进行整合和优化的过程。借助新型客站对高科技、高附加值第三产业的聚集作用，促进城市产业结构调整和转型。这有利于站域的重新定位，与城市内其他节点形成相互合作、错位竞争的良性关系。因此，可以依托客站的环状体系，形成区域内人流、物流、信息流的相互连通，优化城市的功能布局和产业配置，以及土地的开发利用。

3）以客站为核心的站域空间一体化发展

以铁路客站为核心的站城融合主要有三种模式：一是地块的综合开发；二是邻里的综合开发；三是站域的综合开发。站城融合模式以客站为核心，在客站与其所带动和影响的周边地区进行有机联系而形成的整体，高铁对城市所施加的各种影响，其契合度和强度，将在这一地区获得集中的体现。同时，客站不再只具有交通功能，而是发展成为包含商务、办公、住宿、娱乐等多种城市功能集中的城市活动场所，往往也是城市的中心。同时，客站区域将成为高速铁路对城市更大范围产生作用的杠杆，带动更大范围的城市发展。

4）站域地上、地面和地下空间的一体化发展

客站区域地上、地下空间的一体化开发利用，可以有效地连接车站与周边地区。综合开发车站建筑的地下空间，以地下的步行通道为交通骨干，形成各种交通线路在地下互相连通与便捷换乘的网络系统，再加上便利的商业设施和地下停车设施，以及空中步行道的联系，可以缓解站域内多种交通方式联系路径的问题，并紧密联系周边区域交通和城市设施，实现地上、地下交通一体化。在客站区域的开发过程中，地下综合开发的核心是地下交通系统的网络化，应该考虑地下、地上交通的平滑衔接，做到快速有效地疏散出入客站的客流，提高交通设施的可达性与便捷性。

◎ 1.2.3 国内外站城融合案例带来的启示

随着城市化进程的不断推进，高铁客站作为城市交通枢纽与公共活动场所，与城市发展、民众生活联系紧密。以高铁建设为契机，引导客站合理介入城市空间并与之协同发展，成为优化城市交通、治理城市环境、改善民众生活的有力举措，符合当代城市可持续发展策略。从国际上站城融合发展的经验来看，在客站设计中引入站城融合理念，以交通协同为基础、以功能协同为支撑、以环境协同为保障，从而完善客站功能体系、提升其价值内涵，从交通、社会、环境等方面推动当代客站设计优化及与城市融合发展。

1）确保交通协同——站城融合的重要基础

交通是维持城市正常运作的生命线，与城市发展联系紧密，良好的交通结构有助于引导城市形态的健康发展。首先，铁路客站作为城市交通门户，便捷的交通功能是实施站城融合的重要基础，通过全面引入内外交通资源，发展以客站为主体的现代化综合交通枢纽，以实现城市内外交通的全面衔接与快速换乘。同时，客站交通组织需要符合城市交通的总体规划，以城市交通结构为基础，综合考虑城市交通的整体需求，采取外部协调、内部优化、立体衔接的交通组织方式，确保客站交通系统的良好运作，体现客站枢纽的交通功能性与价值性。其次，通

过发展立体化的客站交通空间,以"零换乘"理念对各类交通进行协调组织,结合换乘大厅、换乘单元及换乘通道,构建高效、便捷的交通换乘系统。再者,采用地下通道、地面匝道、高架驳桥等立体衔接方式,引导旅客通过机动交通直接出入客站,减少在站外空间的停留与等候,提高其通行、换乘效率,确保客站综合交通系统的高效运作、提高站城交通协同的整体效率。

斯特拉特福地区车站是2012年伦敦奥运会的主要交通枢纽,大东方线、西英吉利线、北伦敦线、多克兰轻轨、中央线、朱比利线均停靠该车站,车站还有到斯特拉特福国际车站的乘客通道。车站的改造设计考虑了观看奥运比赛的观众人数可能大大超出日常客流高峰,对观众到达和离开进行分流设计,通过专门设计的临时通道将观众迅速疏散。目前的斯特拉福交通枢纽是由2座火车站、5座轨道交通车站以及诸多公交线路组成的零换乘立体交通枢纽,从这里可以非常便捷地直达伦敦中心地区,以及伦敦城市国际机场和斯坦斯特德国际机场。

上海虹桥综合交通枢纽是世界上规模最大、功能最复杂的空陆一体化交通大枢纽之一。虹桥综合交通枢纽规模宏大,日旅客吞吐量达110万人次,核心区建筑综合体东西长1000m,南北宽约220m,由虹桥机场T2航站楼、磁浮虹桥站、京沪高铁上海虹桥站及东西两大交通换乘广场组成。虹桥枢纽集成度非常高,它集民用航空、高速铁路、城际铁路、高速公路、磁悬浮、城市轨道交通、地面公交、出租车等功能于一体,开创了多种交通方式之间无缝衔接的先例,实现了跨区域、大范围人流物流的快速集散,大大提高了交通运营的整体效率,是一座世界级现代化交通枢纽。

2)强调功能完善——站城融合的重要支撑

这里的功能是指除交通功能以外的城市功能,铁路客站作为城市活动中心之一,通常是交通、人口、资源的汇集之处,是城市最具活力的核心区域。通过发展客站综合交通枢纽,利用其交通优势吸纳城市人口及社会资源,以带动站域综合开发,提高站域地区的产业凝聚力与投资吸引力,引入商贸、金融、房地产、市政等现代产业,增强客站地区的人气与活力,推动其城市化建设。使客站及周边站域成为新的城市副中心,这一点对位于城市边缘的新建客站发展尤为重要。而在客站本身的功能开发上,需要协调城市的功能区划,结合客站及周边地区的发展需求,在遵从城市形态与功能区划的基础上,对客站功能进行综合开发,构建集交通、商业、餐饮、休闲、娱乐、景观等于一体的客站功能体系,良好协同城市发展需求,迎合民众的生活习惯与消费理念,以改善客站形象与服务水平,形成开放、包容的城市活力区域,助力所在区域的更新发展。

日本京都站连接东海道新干线,3条城际铁路以及市区南北城市轨道交通线,是京阪神地区的客流中心。作为日本最大的观光都市车站,其结合了交通运输、商业、住宿、娱乐等多种功能,成为一个服务门类十分齐全的城市综合体。

重庆沙坪坝站采用纵向空间开发模式,充分利用城市地下空间、高铁站场上部空间、城市道路空间，将城市内外交通引入客站地下空间，利用顶层空间进行物业开发，将交通、商业、办公等城市功能引入客站，打造便捷通畅的综合交通枢纽和大型城市综合体，使之成为城市副中心，实现了沙坪坝核心区的交通改善、商圈升级、核心区扩展、提升城市形象等综合目的。

3）注重环境协调——站城融合的重要保障

城市环境是客站枢纽的生成空间与存在场所，与环境的良好协调是实施站城融合的重要保障。一方面，构建客站的空间形态与功能体系要以城市实际条件为基础，如地理环境、交通结构、产业布局、城市形态等，城市地理环境对城市形态产生影响，城市形态引导了城市的发展策略与功能结构，决定了城市开发动向。在此基础上，客站的场地选址、建设规划需要与城市环境保持动态协同，以节点形式嵌入城市结构，以顺应城市形态、协同城市发展、带动城市更新。另一方面，客站规划应以可持续发展观为指导，合理开发与利用环境资源，以立体空间和复合结构等建设形态降低对城市环境的影响与破坏。此外，城市的建成环境也影响了客站的规划布局，在发展成熟、运作高效的城市中，客站枢纽要顺应城市既有环境，以功能节点（包含交通、商业、休闲等）对城市空间进行延伸和补充；而在新建城区，客站枢纽应起到疏导与调节作用，以发挥中心效应，引导城市人口、资源向周边地区转移，持续对周边城区产生辐射效应。

上海虹桥综合交通枢纽位于沪杭、沪宁、沪青平三条交通轴进入市区的枢纽空间节点，是联结长三角的门户型枢纽地区。枢纽的建成和投入使用，使长三角地区间拥有快捷、多元化的联系途径，从而缩短长三角经济圈的空间距离，使地区经济联系更加紧密，达到"以区域交通一体化，促进区域经济一体化"的目的，为长三角的经济繁荣和结构优化提供有力支撑。虹桥枢纽既是2010年上海世博会的重要配套项目，也是上海继"大浦东"之后"大虹桥"发展战略的重要引擎。虹桥商务区形成了以总部经济为核心，以高端商务商贸和现代物流为重点，以会展、商业等为特色，其他配套服务业协调发展的产业格局。

杭州东站枢纽综合体是杭州的东大门，与上海虹桥交通枢纽之间的高铁车程仅为40多分钟，是形成杭州与上海"同城效应"的关键因素。杭州东站枢纽综合体位于杭州老城区以东的"城东新城"，紧邻钱江新城，是"城东新城"的核心。"城东新城"的城市建设与发展以杭州东站枢纽综合体站为中心，城市规划的定位是形成车站与城市融合，进而推进站城一体化建设。杭州东站枢纽综合体，首先是城市的交通综合体，全面整合和完善城市交通功能；另一方面延展全方位的综合服务，极大限度地完善了城市功能。集约化的土地综合利用，促进枢纽综合体、公共交通与土地的一体化开发；依托城市轨道交通的便捷性，高强度地进行地下空间的一体化开发，在用地相对紧张的条件下，释放了地上空间，避免了过度聚集带来的一系列城市问题。

站城融合因不同国情而呈现出各具特色的实践，我国的铁路建设特点和城市交通、旅客出行方式的不同，导致我国的铁路客站不能完全借鉴国外的客站设计，需要根据中国自身的国情，分析总结基于我国国情现状的站城融合设计。我国旅客多、等候时间长、客流量大、空间少,与国外铁路客流相比,我国旅客季节性客流现象明显,例如春运客流远远超过日常客流规模;同时,我国站城融合发展在资源配置方式上,无法完全按照市场化原则进行操作。

我国是在城镇化水平42%左右的情况下快速进行高铁建设的,具有城镇化水平低和高铁发展速度快的特点,这就需要在业态策划和开发时序上具有时空观。国外的站城融合多为城区内既有客站改造,所在区域经过了很长时间的发展过程,其改造是"缺什么补什么"。我国站城融合发展起步较晚,综合开发也不会一蹴而就。因此,建设上需要结合发展周期的长远性,预留规划条件,才能实现站城融合的可持续发展。

当前我国高铁交通建设与城市轨道交通发展,为实施站城融合提供了现实基础。对此,国务院"十三五"规划纲要、铁路"十三五"发展规划明确提出大力发展城市综合交通及交通枢纽,并依托交通枢纽发展城市综合体,推动枢纽地区综合开发、整体建设。国家"十四五"规划纲要对加快建设交通强国进行了部署。在高速铁路发展的背景下,我国铁路客站设计正从单一的交通站点向城市枢纽转变,其设计理念、建设技术已有诸多创新。铁路车站正经历从功能"单一性"向"复合性"的转变,站房运营正经历从"管理型"向"服务型"的转变,每一方面的转变都是一种革新和提升,极大地影响了站房的空间设计,也深深地影响了城市的空间格局。

在当今时代背景下,铁路客站作为城市中的重要建筑类型,和城市加强融合与协同发展,将铁路客站建设与城市规划相结合已是当务之急。因此,适合中国铁路客站建设和城市建设特点的"站城融合"设计理念也逐渐成为铁路客站与城市多种功能体协调发展的新方向和新趋势。

1.3 铁路网布局新思维对站房设计理念的引领

1.3.1 铁路网布局总体要求

铁路是国家的重要基础设施,在线网布设的过程中,要充分考虑城市发展现状和总体规划、社会经济发展需要、城市综合交通构建、城乡统筹建设等因素的影响,要提倡绿色出行环保交通和注重土地资源的集约化利用,坚持各交通方式间相互协调发展,以满足城市出行交通需求和城市发展需要。

铁路作为城市客运交通的骨干运输方式,它的出现既能满足城市居民多样化出行需求,又能改善城市综合交通运输体系整体功能和服务水平。故应注重于线网功能实现和着眼于宏观优化,根据城市实际特点运用定性和定量相结合的方法对铁路线网布局规划展开研究。基于交通供给的角度,铁路规划建设的目的是最大限度地满足城市出行需求,同时也能够带动城市内部各区域的经济发展。如何对城市各节点进行合理连接,是实现铁路线网布局规划目标的重要前提。

京张高铁既是2022年冬奥会的交通保障线,也是京津冀一体化发展的经济服务线;既是京张铁路百年历史的文化线，也是展示中国高铁建设成果的示范线。其铁路线网布局的重点任务是明确整体线网布局形态、线路走向及构成形式等，并通过对初始规划线网进行分析、客流预测及客观评价，以优化和筛选出符合城市发展特点的推荐线网方案，为后期线网规划工作提供基础依据和强有力的理论支撑。铁路线网规划关系到城镇空间布局及城市未来发展方向，其规划方法兼具公正性和科学性，以及线网布局形态的稳定性、灵活性和层次性。避免因架构线网存在不足，导致系统运输能力不满足城市出行需求、线路走向不稳定、线路间换乘站点不合理等诸多不利的局面，避免资源浪费。

1.3.2 区域布局发展要求——四网融合

京津冀区域协同发展，轨道交通需求呈现新特征，出行需求总量增长，跨行政区域出行多，出行效率高要求，差异化服务需求呈现。《北京城市总体规划（2016—2035年）》中提出建立分圈层交通发展模式，打造"一小时交通圈"。构建分圈层交通发展模式：第一圈层（半径25～30km）以城市轨道交通（含普线、快线等）和城市快速路为主导；第二圈层（半径50～70km）以区域快线（含市郊铁路）和高速公路为主导；第三圈层（半径100～300km）以城际铁路、铁路客运专线和高速公路构成综合运输走廊。建立分圈层交通发展模式，打造"一小时交通圈"。服务不同需求特征，构筑多层次、多模式的轨道交通体系，实现不同层次轨道交通网络的融合发展。

《北京市轨道交通与铁路融合发展策略》（北京交通发展研究院，2018年8月）提出：目前轨道与铁路主要存在四个层次的网络：①城市轨道交通：服务范围以城市市区内部中长距离为主，适当外延，平均运行速度30～35km/h；②市域（郊）铁路：服务于中心城区边缘与市域范围各中小城镇（城市副中心或组团）的出行，运行速度高于城市轨道交通，平均运行速度50～80km/h；③城际铁路：服务于首都都市圈相邻城市之间的出行（线路起点终点均在京津冀城市群范围内），平均运行速度250km/h；④高速铁路：提供北京市与其他距离大于300km城市间联系，平均运行速度不低于250km/h。四个网络的服务功能和服务圈层是不同的，而乘客的出行可能是跨区域的、跨圈层的。为了给乘客提供高质量、高水平、快速便捷的出行，四个网络之间需要实现融合。

北京市编制的新一版城市总体规划旨在打造轨道上的都市圈，在有条件地区编制都市圈轨道交通规划，推动干线铁路、城际铁路、市域（郊）铁路、城市轨道交通"四网融合"。"四网融合"的建设目标是以干线铁路（高速铁路、普速铁路）、城际铁路、市域（郊）铁路、城市轨道交通四个层次轨道交通网络为基础，以无缝衔接、一体高效的轨道交通枢纽为支撑，以灵活多样的运输组织为补充，形成服务功能明确、运营相互兼容的多层次轨道交通组织形式。

"四网融合"提出的时机取决于多层次轨道的发展时机以及相互之间的衔接需求，这也为铁路站房的站城融合设计提供了契机和发展思路。"四网融合"的实现，需要以区域层面的圈层模式作为基础，需要以城市层面的线网布局作为依托，更需要以作为交通站域节点的建筑空间立体化设计作为保障。伴随着城市的快速建设与发展，城市交通工具日趋丰富，居民的出行方式更加灵活与多样，尤其是轨道交通的快速发展，大大提高了居民的出行效率。高铁站房作为城市间交通的重要载体，其功能不仅要满足铁路客运需求，同时要融合城市的多种交通方式及功能需求，功能定位由"单一的铁路客运场所"向"城市复合功能"转化，高铁站房也向"综合交通枢纽"转化。

1.3.3 国铁集团十六字建设理念

新时代客站布局也要求站前设计与站房设计密切配合，应充分考虑站房与城市的关系、线路与城市的关系等因素，减少铁路对城市的影响，从而形成铁路的建设促进城市发展，城市发展带动铁路建设的良性循环。

新时期，中国国家铁路集团有限公司对站房设计提出了"畅通融合、绿色温馨、经济艺术、智能便捷"的十六字建设理念，成为新时代铁路客站的重要工作目标。建设理念更加关注宏观层面与城市的衔接融合，多种交通方式综合体，关注乘客体验和感受，注重智能化技术支持与管理。①畅通融合：在总体规划、方案设计、市政配套等方面下功夫，以达到铁路客站与城市规划的高度融合，各类交通有序集成、紧密衔接，进一步提高现代化客站的品质。②绿色温馨：在客站建设中要秉承绿色发展的理念，在技术创新、建筑选材、工艺工法、细部设计等方面下功夫，为旅客提供健康、舒适、温馨的旅途体验。始终坚持绿色创造、环境和谐共生。③经济艺术：重视地域文化、传统文化和时代文化的相互融合，将地域景观、历史底蕴和城市功能融入到铁路站房建设细节之中，打造特色鲜明的精品站房工程。建设过程中，合理节约资源、加强技术创新、注重节能环保，在满足功能需求的前提下，在细节中融入地方特色，让站房的完美呈现精美又经济。④智能便捷：在铁路站房建设领域通过BIM、信息化建造等手段对工程项目进行智能化的建设管理。在建造智能、设备智能、系统集成等方面下功夫，不断提高现代客站的智能便捷。

站房作为城市大型公共建筑，也是城市交通综合体，其规划不同于一般民用建筑，其占地面积广、体量庞大、功能复杂，对城市环境具有重要影响，因此其各类功能空间的规划布局以及连接各功能空间的流线组织安排的合理性尤为重要，是体现交通换乘效率以及客站使用的核心内容。在国铁"畅通融合、绿色温馨、经济艺术、智能便捷"十六字建设理念的引领下，铁路客站的设计理念正从"关注对外出行"向"内外高效换乘"及"城市活动中心"转变。

1.4 京张高铁站房站城融合设计基本思路

京张高铁站房设计践行"畅通融合、绿色温馨、经济艺术、智能便捷"的客站建设理念，对站房、站场、站区生产生活房屋及设施、站前广场等工程内容进行统筹设计、持续优化，全力打造"精品工程、智能京张"。

京张高铁作为2022年冬奥会的保障线，作为京张铁路文化的展示线，其站房设计在站城融合方面存在着诸多方面的挑战。京张高铁站房的创新设计基于站城融合理念的深入解读，深入研究京张高铁线路与区域、城市的布局关系，站房场地设计与周边环境衔接组织关系，京张高铁站房与城市空间的融合关系，从规划角度，重新审视"站"与"城"的关系，针对处于不同环境中的站房提出了具体的融合设计原则，重构了站房—城市空间融合的设计方法，实现"畅通融合"。

设计突出铁路线网布局与站房布局新思维，面对北京北站拥堵的交通现状，思考如何避免特大城市终点站客流过度集中无法及时疏散，造成交通拥堵的问题；面对铁路站场对城市"分割"的现状，思考如何消化铁路站场对城市的割裂，减小对城市规划的影响问题；设计有效与既有交通相连接，实现区域交通一体化。面对清河站局促的用地环境及既有交通的限制，思考车站如何实现周边交通的高效衔接，达到畅通融合的目的；车站与城市功能相融合，地铁、国铁并场设计，实现清河站安检互认，实现多种交通方式的高效换乘；面对位于城市中心区的车站，其城市功能不断加强的发展趋势，思考车站功能与城市功能如何高效融合，如何与城市空间融为一体的问题。京张高铁站房的站城融合创新设计机遇与挑战并存，正是基于这些问题的思考和探索，京张高铁站房实现了处于城市中心区域北京北站的融入；实现了处于城市更新区域清河站的织补功能；八达岭长城站的设计以消隐的方法融入长城景观，充分尊重既有的文化遗产；张家口站充分发挥和实现了城市边缘站房的引领城市作用；处于自然环境中的太子城站则以优美的曲线形态设计与自然景观地貌融合共生。

# CHAPTER 2
>>> 第 2 章

京张高铁站房建设背景与站城融合价值

THE CONSTRUCTION BACKGROUND OF BEIJING-ZHANGJIAKOU HIGH-SPEED RAILWAY STATION BUILDING AND THE VALUE OF STATION-CITY INTEGRATION

京张高铁建设意义重大，既是 2022 年冬奥会的交通保障线，也是京津冀一体化发展的经济服务线；既是京张铁路百年历史的文化线，也是展示中国高铁建设成果的示范线。从自主修建铁路到建设"世界之最"工程，百年京张，记录了中国铁路从落后者到追赶者再到领跑者的华丽转身，书写着中国铁路乃至整个中华民族爱国奋斗、自尊自强的传奇。

2.1 历史背景——京张铁路的百年沿革

2.1.1 百年京张

1909 年 9 月，由中国自行设计、自己投资、自己施工建设的第一条铁路——京张铁路建成，10 月 2 日正式通车。这条始于北京终点到张家口（图 2-1）的京张铁路，演绎出中国铁路早期建设史上的一大奇迹。随着一声汽笛的响声，翻开了历史新篇章的张家口发生了翻天覆地的变化，也开启了张家口这座古老的城堡近代化的历程和迈向现代化的大门。京张铁路的成功建设在中国铁路史上具有里程碑意义。

图 2-1　京张铁路初期的张家口火车站
（资料来源：周总印，从京张铁路到京张高铁的百年跨越与蝶变）

1915 年张家口至大同铁路筑成，1921 年京张铁路又延伸至绥远（今呼和浩特），随即改称为京绥铁路，这也是中国的第一条国有铁路。1923 年 1 月，京张铁路通车至包头，全线改称京包铁路。从此，京包铁路作为中国铁路运输的重要干线，汇入了中国铁路运输强劲的脉动。100 多年来，这条重要的铁路运输干线，对于沟通我国西北地区与北京以及华北、东北、长江以南地区的联系和人员往来、文化交流与物资贸易都发挥了重要的桥梁作用。

2.1.2 京张铁路沿革

京张铁路全线通车之后，便开始对城市的客流及物流运输发挥了重要作用，北京城区段铁路在历史上几经改建和扩建，与城市发展及更新的关系十分紧密：从京张铁路初建时城市为铁路让路到战争年代的饱经沧桑,从新中国成立后铁路的蓬勃发展,到铁路与城市之间的矛盾日益激烈,铁路逐渐为城市建设让路,再到2016年京张高铁全线开工,2017年京张铁路最后一趟"绿皮"车4415/6次列车停运。京张铁路的变迁史大致可划分为三个阶段,且每个时期的变化都是考虑到城市的需求,由城市发展与更新决定。

1)初建与战乱期(1905—1949年)

这一阶段跨越了晚清、民国和新中国成立初期的近50年时间,主要反映了近代民族工业的兴起与战乱带来的衰败。京张铁路在1909年全线开通运行之后,为了进一步提高运输能力,于次年即宣统二年(1910年)在京西三才堂等地增设了包括清华园在内的5座车站。民国年间,京张铁路的建设仍在继续并发挥了更加重要的作用:1921年京张铁路向西续建至绥远(今天呼和浩特),先后更名为"京绥铁路"和"平绥铁路",1923年又续建至包头;1937年日本全面侵华之后为了掠夺更多资源而在铁路上续建了很多支线。在抗日战争和解放战争时期,铁路在战火中遭受到了较为严重的破坏。直至新中国成立之后,国家对铁路进行恢复重建并于1949年重新通车,京张铁路更名为"京包铁路",主要承担由首都至西北的客货运输。

2)发展期与改造期(1949—2001年)

这一阶段主要反映了新中国成立50年来,铁路事业的蓬勃发展与局部改造。一方面,铁路的客货运功能对城市的意义重大;另一方面,城市建设开始与京张铁路的历史线路出现了矛盾,京张铁路不得不调整局部线路和车站以适应城市发展需求,但总体上仍保留了历史线路。

1954年,为了推动清华大学总体规划的实施,经过多个部门的磋商,最终决定将京张铁路正线向东移动800m、清华园火车站整体向东南方向搬迁1200m,宣统二年(1910年)所建的清华园火车站旧址保留并改为货运站,可通过两个站点之间的联络线与铁路正线相连。这一变动促使了清华园火车站旧址周边货运物流中心的形成,在车站及联络线的沿线新建了仓库、货场及员工宿舍等附属设施。与之类似,在20世纪60年代由于城市建设的需要,广安门车站以北至西直门的12km铁路被拆除,这使京张铁路的完整性第一次遭受了巨大破坏,这意味着自起点至西直门车站的铁路段与整体完全脱离,始发站也由广安门车站北移至西直门站。所幸广安门车站并未废弃,而是改造为货运站,承担了向首都运输粮食、煤炭、危险品等物资的功能。在这一时期,广安门和清华园这两座车站尽管因为城市建设的需要而脱离了京张铁路的正线,丧失了原有的部分功能,但并未因此走向衰落,而是很快又发挥了新的作用。

3)矛盾发展期(2001—2016年)

在这一阶段中,城市化进程的加快、城市用地规模的增加、城市用地功能的转变以及城市道路交通的延伸都对京张铁路的线路及附属设施产生了重要影响。一方面,随着城市规模由内而外地扩张,原有的铁路用地逐渐被市中心所包围,因城市用地的调整,一些货运车站的功能被迁移至城市外部,这直接导致了广安门车站、清华园火车站旧址等铁路沿线历史建筑的衰败;另一方面,城市公路及轨道交通的完善同样对京张铁路造成了冲击,2001年修建北四环深槽路段以及2002年修建城市轨道交通13号线时，新旧两座清华园火车站之间的联络线遭到了切断及部分废弃，随着货运功能的丧失，曾经围绕清华园火车站旧址形成的货运物流中心彻底遭到了废弃。

然而，这一地区的城市功能很快就得到了更新，因第五个铁路交道口而得名的"五道口"地区，凭借其优越的区位优势迅速地发展为远近闻名的教育和商业中心。而藏匿于城市之中的京张铁路历史建筑因无人重视而走向衰败，与外部光鲜亮丽的城市风貌形成了鲜明对比。

不仅如此，随着城市建设的完善以及人口密度的增加，京张铁路北京城区段的线路给城市造成了前所未有的负面影响。在交通上，列车每天都要数次穿越若干城市主要道路，一些支路因出现断头而无法有效发挥疏导交通的作用，这极大地加剧了道路的拥堵情况，一些路段在早晚高峰时甚至濒临瘫痪。同时，京张铁路及并行的城市轨道交通13号线具有较强的隔绝性，直接导致了铁路沿线的城市用地因交通不便和噪声污染等原因而成了廉价地块，相应地成了批发市场、棚户区的聚集地，致使这一地区呈现出建筑密度高、建筑风貌差、人口密度高、绿地率低的衰败化、郊区化和生态环境恶化的趋势。

2.2 事件背景——奥运场馆连线上的交通节点

2.2.1 奥运会与城市联动发展机制

奥运会举办和城市发展的相互关系，关乎奥运会和城市的未来：一方面，各界越来越青睐能够给主办城市带来多重益处的奥运会，奥运会成功与否的标志，也正从赛事活动顺利、精彩，向主办城市发展受益的方向延伸；另一方面，举办奥运会是否有助于催化主办城市解决发展中的关键问题，促进城市发展升级，也正在成为城市申办奥运会的决定性因素。

奥运会与举办城市的互动构成了双方发展的主线：一方面，奥运会推动了举办城市的现代化、国际化进程；另一方面，受举办城市规模的影响，奥运会也在不断调整并扩大着自身的全球影响及品牌价值。

2.2.2 奥运会举办城市建设发展状况

1）2008年北京奥运会助力北京城市建设发展

2001年7月北京申奥成功以来，交通运输业就步入了一个新的快速发展期，在交通基础设施建设和公共交通等各方面均取得较快增长。以轨道交通和快速公交系统为代表的大容量、速度快的城市交通骨干路网得到极大发展，城市公共电动汽车向环保型大规模更新，城市公共交通公益化改革大踏步前进，建立起了综合智能交通系统平台。2008年北京奥运会直接引发了公共电动汽车更新，促使相关基础设施优先建设，促进公共交通以人为本。

奥运成功举办直接影响了北京的城市交通建设发展，给北京城市交通留下了无障碍、绿色、智能、公益化等宝贵的"遗产"，这些遗产不仅惠及奥运期间的北京，而且促进了奥运后北京交通的发展，大大缓解了市民出行拥堵的情况。

（1）改变了城市交通出行格局。通过奥运的实践，北京公共交通性价比提高，更加以人为本，极大地提升了公共交通的吸引力。

（2）应用现代科学技术，提高了交通管理水平。奥运后，北京既有地面交通路网的通过能力得到内生性成长，车流速度加快，拥堵情况得以改善。

（3）宣传了交通法规，树立了现代交通意识。奥运期间，广播、电视、网络、报纸等大众媒体加强现代交通意识以及交通法规的宣传，使广大市民，特别是中小学生树立起了现代交通意识。

（4）有利于城市交通的节能减排。公共交通吸引力的增加，减缓了小汽车及其排放的增长速度；公共交通车队质量的整体提升，直接减少了汽车尾气排放。

2）2012年伦敦奥运会助力伦敦城市建设发展

英国伦敦东区更新被称为"欧洲最大的城市更新项目"，2012年伦敦奥运会给该地区带来了巨大而长远的积极影响，特别是奥运会结束后，奥运遗产在伦敦东区持续发挥作用。据牛津经济研究院预测，到2030年，伦敦东区将成为推动英国经济增长的重要力量，将会给英国政府创造每年54亿英镑的财政收入。到2031年，伦敦东区预计将容纳伦敦一半的人口增长和近四分之一的就业增长。

2.2.3 奥运会对京张高铁的影响

京张高铁主线与延庆支线、崇礼支线共同构成北京市区至冬奥会延庆赛区和崇礼赛区的交通基础设施，是成功申办2022年冬奥会的必要条件和重要基础。

中国奥委会提出北京市和河北省张家口市联合申办2022年冬奥会，申奥场馆布局包括三个区域：一是北京市区北部的奥林匹克中心区、城西部的首都体育馆和五棵松体育中心，5个冰上项目将在这里举行；二是位于北京西北部、距离北京市区约90km的北京市延庆区小海坨山，雪橇雪车和滑雪大项中的高山滑雪项目将于此举行；三是位于河北省张家口市、距离北京市区约220km、距离延庆区小海坨山约130km的张家口市崇礼区太子城区域，除了雪橇雪车和高山滑雪外所有雪上项目将在这里举行。

张家口市申办冬奥会有5大优势：一是自然条件比较优良；二是雪场条件初步具备；三是交通输送能力较强；四是配套设施日臻完善；五是空气质量长江以北排名第一。从冰上比赛举办地到雪上举办地的交通历来是国际奥委会在考虑奥运会主办城市时的一个重要因素，便捷的京张高铁是北京申办的一大优势。京张高铁全线长约174km，正线共设10座车站，设计时速为350km，乘火车从北京北站到延庆场馆约20min，到张家口场馆为52.5min，有效满足冬奥会赛事的交通需要。因此，京张高铁线的建设是2022年冬奥会顺利申办和举办的重要基础设施。

2.3 地域背景——京津冀一体化建设

2.3.1 京津冀一体化

京张高铁是京津冀城际铁路网的重要组成部分，对于加强京张两地的合作具有重要作用。规划的京津冀城际铁路网将以北京、天津为中心，以京津、京张、京石、京唐等城际线以及京沪、京广、京哈、京沈等省（区）际客运专线为主骨架；而京张铁路线是其中最重要的线路之一，可形成京津冀铁路核心圈，从而为构建京津冀城际铁路网打下基础。京张铁路的修建，使京张两地间铁路旅行时间缩短到1h以内，对于加强两地间经济密切联系，促进京西地区旅游发展，改善沿线地区交通运输条件，全面满足沿线地区日益增长的运输需求等具有重要意义。

京张高铁的建设，将张家口接入全国高铁网，成为河北最后一个通高铁的设区市。京津冀协同发展6年来，一张覆盖三地所有地级以上城市的综合立体交通网初步建成，京津冀交通一体化格局基本成形。京张高铁既是京津冀一体化向前推进的强力支撑，更是高质量发展的有力"臂膀"。张家口市交通运输局局长王向明表示："张家口可以通过高铁走向世界，世界也可以通过高铁聚集到张家口，对于张家口脱贫攻坚、开发旅游、方方面面均具有显著作用，也把张家口推广到了全国和全世界。"

2.3.2 高铁线路对沿线地区的影响

1）对沿线城镇经济的影响

交通运输与城镇发展密切相关，两者在全方位、多层次上相互促进，相互制约。作为工业化与城镇化快速发展阶段出现的一种快速便捷的交通方式，高速铁路对沿线城镇经济产生了深远影响，具体表现在以下几个方面：

（1）高速铁路促进沿线城镇化发展。高速铁路沿线城镇对人口与资本的吸纳能力增强，产业集聚与扩散效应明显，高速铁路极大地提升了沿线城镇的城镇化水平与质量。

（2）高速铁路增强沿线城镇经济规模。高速铁路引导城镇发展，能创造更多的就业岗位，增加就业收入，从而扩大城镇经济规模。高速铁路能优化沿线城镇资源配置效率，促使城镇经济内涵式和外延式发展。

（3）高速铁路创新城镇发展模式。在旧城区、新城区、改建地区等多个层面大力发展TOD社区，极大地提高城镇公交系统的使用效率，促进城镇快速公交系统的发展。

（4）高速铁路重构沿线城镇体系。高速铁路影响城镇等级规模，改变城镇空间结构，优化城镇职能结构，促进城市群发展。

2）对沿线地区发展的影响

京张高铁的通车将北京和华北、西北地区连成一线，对沿线地区的发展产生较大影响，为沿线地区带来新的发展机遇。

（1）吸引产业迁入。一方面，京张高铁的上游是京津冀地区重要的生态涵养区，该区域地域宽广，污染较轻，生态宜居，适合高科技产业的集群发展；另一方面，京张高铁的开通大大缩短了张家口到北京的车程，为北京市内相关企事业单位的搬迁提供了良好的交通条件。京张高铁沿线地区，主要是北京市延庆区、张家口市南部区县以及冬奥会举办地张家口市崇礼区，这些相关区县应把握机会，积极承接首都分解的部分高科技产业，在引进相关产业过程中，同时注重发展传统产业生态化、新兴产业高端化、产业发展绿色化，加快现代化经济体系的建设。

（2）吸引相关人才。京张高铁的通车运营为沿线地区的人才吸引战略提供了有利条件。目前已有华北电力大学、北京体育学院新校区、北京师范大学附属学校、北京交通大学张家口校区、河北工业大学城市学院等高校和科研机构与张家口市政府签订了合作意向。高等院校的增加，可为张家口市引来大量的高科技、新技术人才，而人才的到来无疑为城市经济发展提供了强大的人力资源保障。

（3）促进旅游业发展。京张高铁沿线地区有丰富的自然及人文旅游资源，一直以来由于交通的不便，这些旅游资源不能较好地转化为经济收入。京张高铁开通后，京北地区各区县可以大力发展当地特色的旅游产业，如延庆地区的观光农业、崇礼地区的冰雪旅游产业、怀来地区的葡萄文化产业以及张北地区的草原观光产业等。这些极具特色的旅游产业可以借助高铁的便利性和冬奥会的历史契机，吸引全国乃至全世界游客的到来，有力地拉动高铁沿线区域旅游产业的发展。

2.4 京张高铁站房站城融合的价值

京包兰通道是我国铁路网主骨架之一，是西北华北区际通道的重要组成部分，也是内蒙古北部口岸与天津港外贸和国际交流及宁夏、蒙西地区与首都北京联系的最直接通道，在路网中具有重要地位。

既有京张线建成年代久远，技术标准低，线路平纵断面条件差，线下设备普遍存在病害。丰沙线线上设备陈旧、条件差、技术落后，主通道丰台—沙城—张家口南段客货行车量大、能力饱和，平图能力利用率达到99%。既有京张线北京北至康庄段部分单线，线路坡度大（可达33‰），曲线半径小，运营条件差，且开行S2线16对（北京北—延庆）内燃动车组，平图能力利用率达到95.8%。既有线已经不能满足区域经济社会发展对运输数量和质量的需要，严重制约了沿线客货运需求的增长，是京包兰通道的"卡脖子"地段之一。

根据《中长期铁路网规划》（2008年调整），该项目属于"完善路网布局和西部开发性新线"中的"新建北京—张家口—集宁—呼和浩特—包头线,形成北京至内蒙古呼包鄂地区便捷通道"。目前,集包四线、集张线、张唐线正在建设,张呼快速铁路也在设计中,建设该项目,是形成包头至北京间快速客运铁路,实现客货分线,大大提高客货运服务水平,优化区域铁路网布局,构建形成京包兰快速客运通道的需要。

从站城融合的角度,京张线与站的布局都充分考虑了京张线在未来城市发展中的社会价值、经济价值和环境价值。

2.4.1 社会价值

1)提升旅客出行品质

随着我国经济社会的快速发展,人民生活水平的不断提高,人民对美好生活的向往也表现在对服务质量、服务时限、服务模式等提出更高要求,从"走得了"向"走得快、走得好"转变。同时,消费结构和消费行为也将发生变化,特别是互联网的普及,电商呈现"井喷式"发展,催生了大量快递物流新的业态模式,新的市场需求都对交通运输提出新的要求。另外,随着旅游业的快速发展,旅游客运对交通运输也提出了更高的要求。

近年来,随着客运总量的快速增长,高速铁路、城际铁路网的不断完善,客流构成及客运需求发生了较大变化,客流构成从过去以中长迁徙为主逐步转变为商务、迁徙、旅游等多种客流并存,消费性客运需求在客运总需求中的比重不断提高,客运需求逐渐趋向快速化、多元化、个性化方向发展。客流构成的变化对车站功能提出了更多的诉求,单一交通功能已不能满足多层次旅客不断增长的消费和服务需求。

旅客需求主要体现在空间质量和交通效率两个方面。高铁站房的站城融合,将多条线路和多种交通工具集中于一体,优选最佳的换乘模式,使多种交通工具之间的客流换乘时间和距离达到最短。在提高交通换乘效率的同时,也减少了换乘本身所需要的空间,对车站空间整体来说,提高了空间利用效率。改善空间中乘客的行走感受,也是体现大型铁路客站空间"高效率"的关键环节,多种交通设施之间的便捷换乘,不仅可以提高旅客出行效率,还可以确保空间的高品质化。

2)践行低碳环保理念

站城融合发展模式有利于解决站房建设资金,降低社会建设成本,增加人们对公共交通的使用,使公共资源发挥更大社会价值。作为城市要素集聚点,高铁站房具有客流量大的特点,在客站强大的集聚效应作用下,形成紧凑城市的潜力极高,也有利于实现城市的低碳与环保。另外,高铁作为轨道交通,本身就是一种高效率、大运量和低污染的公共交通方式。

京张高铁在客站建设中秉承绿色发展的理念,始终坚持绿色创造、环境和谐共生,展现"绿色温馨",在技术创新、建筑选材、工艺做法、细部设计等方面采用了诸多绿色可持续技术措施,进一步提高客站的建筑品质。面对新时代站房"绿色、节能、环保"的设计必然趋势和要求，京张站房践行低能耗、低污染、低排放的设计理念，系统采用铁路绿色建筑标准进行设计并评价。新建站房均达到二星绿色铁路客站标准，其中清河站、太子城站、张家口站达到三星绿色铁路客站设计标准，清河站也成了全国首个采用《绿色铁路客站评价标准》(TB/T 10429—2014)进行评价并同时取得美国绿色建筑委员会颁发的LEED（绿色能源与环境设计先锋奖金奖）金级预认证的车站。

3）提升站域公共空间活力

如今，随着高铁的发展，站域空间质量的不断提升，舒适性空间的塑造成为了站域发展的重点。客站不仅是城市的交通中心，也是城市的生活中心。通过整体的开发，将商业、休闲等各种相关功能与客站有机组合到一起，形成具有丰富内部空间的车站综合体，从而成了区域居民购物、聚会和活动的中心，可以提高地区的综合性和服务性，加上文化设施的导入有助于提高站域空间的公共性和文化性。多样的功能空间带来多样的活动，吸引城市居民到来购物休闲，增加地区内的客流量，利于营造24h不间断的热闹氛围，提高了地区经济的发展，增加了整个地区的土地开发价值和站域公共空间活力与品质。

2.4.2 经济价值

1）推动城市经济增长

一条高铁的价值巨大，能拉动一个城市形成高铁新城。高铁带来的客流将快速带动城市的经济发展，对旅游、商业、餐饮、住宿、交通等行业的发展具有推动作用。高铁的建设，将提升城市级别，吸引外地企业入驻投资，从而带动区域经济发展。

高铁经济效益的评估结果显示，高铁是城市经济增长的重要动力，不论规模大小，城市均可从高铁连接中受益。高铁自身建设对城市经济的贡献率较小，主要通过作用于城市经济系统的内、外部要素发挥作用，是一种间接影响。高铁客站通过节点聚集作用，使多功能的设施点在客站邻接区形成聚集，间接对城市经济产生影响，尤其是商业、商务和住宅设施的聚集。其中，商业、商务设施点的聚集可以直接产生较大规模的经济效益，增加客站经济活力；而住宅设施则能为客站邻接区发展提供基础的发展动力。

对于河北省来说，张家口地区的贫困程度较深，全市19个区县中，有12个是国家级或省级贫困县，脱贫攻坚任务艰巨。京张高铁将张家口地区纳入北京"一小时经济圈"，促进了京津冀一体化向张家口地区的延伸与发展，为张家口地区实现脱贫提供新助力。京张高铁的开通将把张家口当地丰富的旅游资源串联整合，形成一条全新的旅游交流通道，促进贫困县产业链发展，拉动就业。除此之外，高铁的开通方便了张家口贫困地区人口到北京、天津等大城市务工，改善自己的家庭生活，不断提高收入水平。同时，京张高铁将切实解决铁路沿线贫困地区农产品销路不畅的问题，拉动居民消费，带动贫困地区农户的经济收入，实现精准脱贫。

2）催化城市结构调整

多中心发展是大城市社会经济发展的客观要求，而我国当前多数城市都为单中心城市，急需调整城市结构。高铁客站作为城市的触媒和区域中重要的集聚因子，引导城市人口和资本向车站地区集中，使城市生产要素重新分配，将会促使城市空间结构逐渐由"单中心"封闭式空间发展模式向"多中心"的网络化发展模式演变，是实现大城市从单中心向多中心转变的重要工具。

3）推动京津冀协同发展

以北京为核心的首都经济圈涵盖京津冀大部分地区，现已成为我国城镇分布最密集、经济发展速度最快、经济总量规模最大、综合经济实力最强的三大经济区之一。为适应京津冀地区经济高速发展的要求，解决目前各城市之间联系主要依靠公路，城际交通结构单一，难以满足不同层次旅客出行需求的问题，2005年3月国务院审批通过了《环渤海京津冀城际轨道交通网规划》，提出了以京津为主轴，以京石、京秦为两翼的基本骨架。京张高铁的建设，有利于构筑京津冀一体化的高效、安全、舒适交通体系，缓解该地区交通运输紧张状况，满足沿线城镇之间旅客快速出行需要，全面提升京津冀地区在世界都市圈中的综合竞争力。除京津、京沪、京广、京哈等快速铁路为主骨架外，京张高铁也是其中最重要的线路之一，可加快区域轨道交通网的形成，对推动以北京为中心的京津冀地区"1～2小时交通圈"的迅速实现，以及区域快速客运网有机衔接，发挥区域交通网的整体效益，均具有重要作用。

2.4.3 环境价值

北京拥有众多的天然风景资源和历史悠久的人文旅游资源，沿线境内国家级风景名胜区、旅游景区密布。张家口地处首都周边，是北京的生态屏障、重要水源地和农产品供应基地，旅游资源也十分丰富，两地间已形成互动合作、发展共赢的良好局面。随着本地区居民生活水平提高、沿线地区经济快速发展和城市间经济联系的加强，客运需求呈现多样化和快速化发展趋势，公务出行、休闲旅游、探亲访友等客流将大幅度增加，特别是城际间的旅客出行需求将快速增长。京张铁路建成后，在促进京西地区旅游的发展、打造京西旅游带的同时，将形成快速、安全、舒适、准点、大能力客运通道，对旅客运输具有强大吸引力，从而弥补目前该地区城际交通结构单一的缺陷，充分适应和满足沿线地区旅客日益多元化的要求，提高旅客运输灵活性。

以八达岭站为例，随着景区游客的逐年攀升，目前以公路为主的交通方式造成京藏高速公路常年拥堵不堪，也给景区环境保护造成压力；另一方面，依托百年老线——既有京张铁路开行的北京市郊S2线内燃动车组，受线路技术条件差、客车发车频率低等因素影响，未能发挥综合交通的骨干作用，交通问题已成为制约风景名胜区保护和旅游资源开发协调可持续发展的一个难题。新建京张高铁为速度目标值350km/h的客运专线，客运能力大，运输低碳环保。

对于减少汽车碳排放量,缓解北京市区交通流量和景区对外交通瓶颈,减少风景名胜区旅游对于公路资源的依赖,降低公路交通对核心景区环境的影响,建立与风景名胜区内交通良好的铁路接驳换乘系统,以及保护长城风景资源,实现景区旅游可持续发展等具有重要意义。

CHAPTER 3
>>>> 第 3 章

京张高铁站房站域空间的站城融合设计

STATION-CITY INTEGRATION DESIGN OF STATION SPACE OF BEIJING-ZHANGJIAKOU HIGH-SPEED RAILWAY STATION BUILDING

京张高铁站房站城融合设计

从宏观层面看，城市空间形态与轨道交通线网两者之间存在复杂的相互影响关系。一方面，城市空间形态的功能结构、布置形式等城市特征是决定交通需求的根源，对于城市交通需求的大小以及交通源的分布具有显著影响，同时宏观上也决定了轨道交通的分布和走向；另一方面，轨道交通的可达性等交通因素也会导致城市规模、人口分布、功能结构等城市形态特征的变化。因此，城市空间形态与轨道交通线网两者互相制约、互相促进。从中观层面看，轨道交通站房所处区域与周边的城市空间之间有着千丝万缕的联系，能够引导和影响周边城市空间的布局形态以及功能组织。从微观层面看，轨道交通站房的线路布局形式、建筑规模和布局组织都会对所在的城市空间产生很大的影响。因此，本章从宏观、中观、微观三个层面出发，着力分析京张高铁线路与区域、城市的布局关系，京张高铁站房与城市空间的融合关系，以及站房场地设计与周边环境衔接组织关系。京张高铁站房的设计遵循站城融合的理念，在"线"与"城"的布局关系、"站"与"城"的融合关系以及站区各要素的整合设计中凸显出来。

3.1　线城布局——京张高铁线路与区域的布局关系

随着我国高速铁路的快速发展，高速铁路车站的规划建设将推动周边区域的开发建设，有利于城市空间的有效拓展与内部结构整合优化，促进交通、产业、城镇的融合发展。随着后工业化时代的到来以及可持续发展理念的深入人心，高速铁路站区的发展呈现出新的趋势，以高速铁路车站为核心的综合交通枢纽将与周边功能区域深度融合，交通职能与其他城市职能也将进一步整合，以构建多元、绿色、畅达的新型高速铁路站区。因此，在高速铁路建设推动城镇群分工以及竞争的广度与深度均大幅扩展的新形势下，合理确定新建高速铁路客运站的站址选择与站区规划布局，是当前我国不断完善区域铁路基础设施网络、持续推进站城一体有序协调发展新形势下的研究重点。

京张高铁全长173.964km，从北京北站到张家口站设10个站点，其中北京境内70.503km。京张高铁西连接大张客专、大西客专，西北连接张呼铁路、集张线、集包线，通过北京枢纽与京沈客专、京唐城际、京津城际、京沪高速、京广客专等高等级快速客运干线相连接，形成了西北、蒙西、晋北至京津冀、东北、华北等地便捷的快速铁路干线，如图3-1所示。京张高铁是国家铁路网京包兰通过及西北至华北区际通道的重要组成部分，是承担西北与华北、东北等地区之间中长途客流为主的通道，对形成北京至呼包鄂便捷通道具有重要意义。

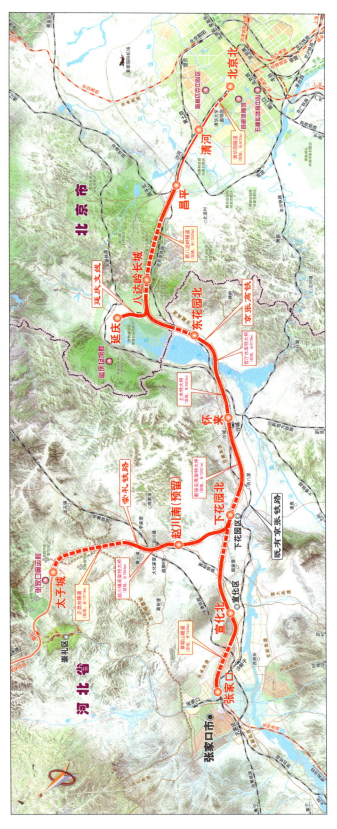

图 3-1 北京至张家口铁路、崇礼支线铁路与延庆支线铁路

3.1.1 京张高铁线路设置

国家发展和改革委员会、自然资源部、住房和城乡建设部与原中国铁路总公司联合发布的《关于推进高铁站周边区域合理开发建设的指导意见》（以下简称《指导意见》）指出应合理确定高铁车站选址和规模，新建铁路选线应尽量减少对城市的分割，新建车站选址尽可能在中心城区或靠近城市建成区，确保人民群众乘坐高铁出行便利。以《指导意见》为总体思想，确定了京张高铁线路选择及选址的设计。

京张高速铁路位于北京市西北、河北省北部境内，东起北京市，途经北京市海淀区、昌平区和延庆区，由延庆区康庄镇入河北省境内，跨官厅水库，经怀来县、下花园区、宣化区，西迄张家口市，呈东西向沟通两市。

线路自北京北站引出，经学院南路后转入地下，连续下穿北三环、知春路（城市轨道交通10号线）、北四环、成府路、清华东路（上跨城市轨道交通15号线），于万泉河以南转出地面，后下穿北五环沿既有京张线增建二线至沙河站；沙河站至昌平站区段增建沙昌三线至昌平站，平面引入既有昌平站后经南口镇东侧以隧道穿越军都山，于新八达岭隧道内设八达岭长城站（地下站），出隧道过康庄进入河北境内；于既有线北侧采用地下隧道形式，出隧道后预留东花园北站，沿京藏高速公路跨官厅水库、大秦铁路、京藏高速公路，与既有线并行，下穿京新高速公路后设怀来站，出怀来站后一路西行经下花园北站、宣化北站，终至张家口站。正线全长173.964km（本次设计不含已批复八达岭越岭段工程15.44km，正线全长158.524km），其中北京市境内70.503km，河北省境内103.461km。全线共设10座车站，分别为北京北、清河、沙河、昌平、八达岭长城（地下站）、怀来、下花园北、宣化北、张家口南站，预留东花园北站。其中八达岭长城（地下站）、怀来、下花园北、宣化北为新建车站，其余均为改建车站，北京北、清河及张家口站均为始发站。延庆支线设延庆站，崇礼支线设太子城站。

京张高速铁路线路的确定，综合考虑了城市规划、路网构建、经济状况、运输需求、保护区以及整体线路设计等多方面因素，在双客站设置、京张铁路遗址公园设置、奥运支线设置以及对于环境保护区的统合考虑方面独具特色。

1）双客站设置、多点乘降

始发到达客站的确立与城市规划、铁路枢纽规划需紧密结合，从方便旅客出行、行车组织科学管理及客流细分等因素出发，京张高铁始发站势必会设在市中心西二环的既有北京北站，而北京北站面临的交通压力是历年北京市西直门区域的技术节点和难题。京张高铁的车站建设，使北京北站、清河站交通枢纽主要客站、辅助客站的功能得以不断提升与演变，循次渐进形成位于北京城市中的互联互通、多点乘降的双客站，提高了高铁交通在区域中的换乘效率，北京西直门地区交通拥堵情况得到有效缓解，同时对北京西北部的自南向北交通体系给予调整性的补充和完善。

（1）北京北站、清河站承担京张高铁到发的共性，同时分别承担市郊线到发（S2、S5）及普速铁路（京沙、京包、京通）的运营，形成了以京城西部铁路为主导的交通体，如图3-2所示。

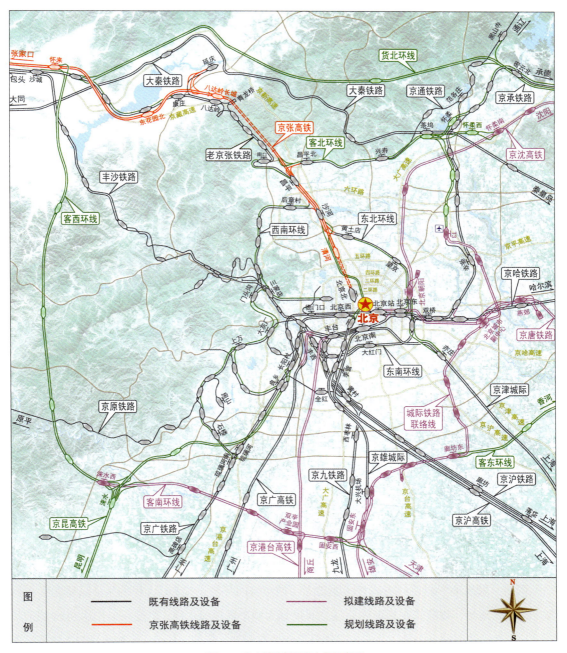

图3-2 北京铁路枢纽总布置示意图

（2）将北京北站既有普速站升级改造为高铁站、清河站改扩为新建站，双站与所处枢纽内3条地铁线路分别交汇（北京北站—2号线、4号线、13号线）（清河站—昌平南延线、19号线支线、13号线），多种交通方式无缝衔接，集约、优化的布局构建了立体换乘、高效便捷、系统优化的交通模式，如图3-3所示。

图 3-3　北京铁路枢纽总布置示意图（局部）

（3）北京北站、清河站间距 10.50km，站位临近北京城区西北部海淀区。高新技术研发、创新、教育文化业、生态观光休闲业、现代服务云集，形成发展迅速的城市生活功能核心区，促成旅游、高新技术研发、金融等产业和文化、体育、教育、医疗等社会事业的高度城市化。北京北、清河站的站位建设，有利于缓解北京市区北外部瓶颈状交通拥堵情况，满足高度城市化新区的交通需求，推进新的交通配套设施修补。

2）京张铁路遗址公园

京张高铁在城区（五环内）采用地下隧道的方式，极大地减少了铁路对城市的分割，使原本被地面线路切割的城区融合贯通，两侧交通联系加强，城市道路顺畅衔接，保持了地面交通的完整性，实现了城市的织补与融合。高铁穿越中心城区，这在国内特大城市尚属首例，尤其在城市轨道交通、市政管网等密集的建成区，需要极大的技术和资金支持。

同时，采用地下隧道的方式极大地改善了城市空间环境，提高了人民的生活品质和幸福指数。高铁入地后，将原京张地面铁路线空间规划为城市景观绿化带，建设一个长达 9km 的带状公园——京张铁路遗址公园。公园连通铁路沿线原有绿地，将郊区绿色引入城市景观。清河站通过景观一体化设计，统筹考虑绿化景观、城市广场、交通休闲等功能，既增强了周边居民、旅客与铁路、车站的便捷沟通，又创造了良好的城市休闲空间。同时，铁路两侧的噪声、脏乱差环境以及慢行系统均得到极大改善。9km 长的带状廊道，将使京张从割裂城市的边缘地带，变为承载世界线型文化遗产的铁路公园，汇聚国家科技创新的共享城区，北京城市品质提升的更新触媒。

京张铁路遗址公园设计范围南起北京北站，北至北五环路及清河周边。该公园的建构将从时间和空间两个维度出发，构建一脉相承的京张文化遗产廊道。通过互通交织的生态网络，连通周边各类绿地，共同形成网状多层级生态系统，形成人与动物共生的多栖生境。京张铁路遗址公园将成为开放无界的公共空间，充分发挥海淀科技优势，凝聚周边高校科研智慧，助力京张沿线形成国家创新高地。

3）奥运支线

2015年7月31日，北京—张家口获得第24届冬季奥林匹克运动会（即2022年冬奥会）举办权。2022年冬奥会总体布局包括3个赛区，共25个场馆。3个赛区分别是北京赛区、位于西北方向燕山山脉的延庆赛区及张家口赛区。延庆赛区位于延庆区西北方向的小海坨山，将进行高山滑雪和雪车雪橇的比赛。京张高铁延庆支线作为冬奥会交通保障设施之一，将发挥重要作用。

研究年度客货运量预测、区段货流密度及旅客列车对数时，需在原京张铁路设计成果基础上，新增考虑奥运期间崇礼、延庆场馆的客运需求，预测各研究年度京张铁路客运量。

根据北京2022年冬季奥林匹克运动会申办委员会提供的《崇礼、延庆交通需求分析资料》，冬奥会期间，张家口崇礼赛区最大全日观众量为70000人次/d，其中铁路承担客流49000人次/d，包括北京方向40000人次/d，张家口市区方向4000人次/d，张家口市崇礼区5000人次/d，其余客流由公路承担或在崇礼地区就近入住；高峰时段客流量为12700人次/h，其中铁路承担客流8550人次/h，包括北京方向6000人次/h，张家口市区方向950人次/h，张家口市崇礼区1600人次/h。延庆赛区最大全日观众量为24000万人次/d，其中铁路承担客流18000人次/d，主要为北京城区客流；高峰时段客流量为5745人次/h，其中铁路承担客流3500人次/h。

崇礼支线太子城站位于张家口市崇礼区太子城村，崇礼赛区是2022年冬奥会的主赛场。太子城站远期高峰小时发送量为800人次/h，奥运期间高峰小时发送量为6000人次/h。太子城高铁站将成为整个崇礼区最主要的对外大运量交通门户，太子城高铁站枢纽也将成为片区最活跃的交通枢纽。因此综合以上不同预测研究范围所得到的客流结果，确定太子城高铁站的高峰日客流为15850人次。受到奥运经济的影响，作为优质滑雪资源的太子城片区必将成为崇礼最主要的旅游目的地。应充分考虑冬奥会赛后太子城高铁站主要服务于冰雪小镇、云顶及太舞的旅游出行，并兼顾为周边村庄提供一定服务。同时，考虑去往雪场、草原天路、崇礼城区、张家口市区及其他周边地区和景点的游客可以选择汽车租赁的形式出行。赛后，枢纽将承担起对外与太子城冰雪小镇交通及周边赛后场馆的交通网络相衔接，对内仍然以客运枢纽为核心，市域公交、旅游大巴、社会车、出租车等多种交通方式换乘为主，兼顾商业餐饮、旅游服务、休闲娱乐、汽车租赁及停车等功能。

4）对保护区的应对

考虑风景区、自然保护区、基本农田保护区、水源保护区、文物古迹、国家重点保护的野生动植物等现状及规划对线路的影响。京张高铁线路布局充分考虑了沿线敏感区的分布情况，多方案对工程、环境进行对比分析，线路方案对环境敏感区尽可能采取绕避措施，但受工程技术条件所限制，无法绕避八达岭—十三陵风景名胜区、八达岭长城、官厅水库饮用水源保护区、吉家坊饮用水源保护区、京密引水渠饮用水源保护区等环境敏感区，目前均得到有关部门的批复。

京张高铁为景区进一步发展旅游创造更好的交通环境，进一步带动该地区旅游经济发展。并且京张铁路在保护区核心景区内以隧道为主，露出地表路段很少，运营不会加重沿线的噪声影响，不会与景区环境形成反差，影响游客观感。住房和城乡建设部以《关于京张高铁涉及八达岭——十三陵风景名胜区选线问题的函》（建城函〔2011〕2号）原则同意线路通过。

3.1.2 绿色景观线设计

京张高铁的沿线绿化景观设计遵循尊重地域风貌的理念，承续"百年京张"铁路智慧精华，汇聚世界铁路发展先进经验，解决铁路永续发展的现实问题。全线景观根据安全性、功能性、生态性、整体协调性、经济适用性、地域性以及易维护性原则进行设计。

京张高铁全线景观设计通过分析列车上乘客视线、高速路行车视线、路上行人视线、高层建筑视线等主要视角，来确定沿线景观绿化设计的重点，如图3-4所示。设计中针对铁路自身特点，从景观的动态性、移动的层次性、流畅的交融性、体验的瞬间性进行分析，进而确定景观绿化设计的手法，如路基边坡采用波浪式图案、线路两侧绿化林带的"内灌外乔"搭配等。京张高铁各站区选择具有代表性的乡土植物作为背景，配合各站区的文化元素进行景观设计。基于满足各个季节观赏性的需求，大面积采用常绿植被、整体设计以"绿"为主。考虑地域特点，路基边坡重点区域植物选择以观赏性灌木为主，一般区域主要选择紫穗槐或沙地柏。区间路基坡脚（堑顶）至地界及桥下绿化重点区域景观设计以常绿树种为主，一般区域景观设计以落叶树种为主，常绿树种局部点缀。值得一提的是，新八达岭隧道进出口采用了城台式洞门，实现了中国元素和长城文化与现代高铁的有机结合，体现了高铁隧道与区域环境和文化共生共荣的设计理念。

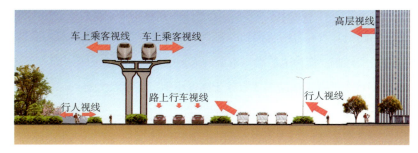

图3-4 视线分析示意图

1）五大景观段

结合京张高铁沿线自然特征，将沿线分为五大景观段，分别为城郊风光段、关塞风光段、大泽风光段、燕北风光段、雪国风光段，如图3-5所示。

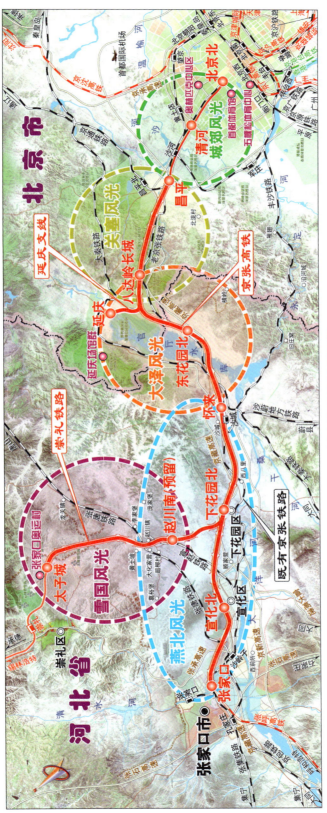

图 3-5 京张高铁沿线景观分区示意图

（1）城郊风光段——承续传统中华文明城郊风光段：北京北站—北京北动车所—清河站—沙河站—昌平站。创造有城市文化特色的铁路景观，强调文化性，充分利用城市、铁路历史个性和文化遗产。种植整齐的有色树种，让铁路穿越时出现色彩的变幻。图 3-6 所示为清河站西广场景观设计示意图。

图 3-6　清河站西广场景观设计示意图

（2）关塞风光段——创新生态保护文明关塞风光段：八达岭长城站。注重世界文化遗产保护，强调地域和谐，力求将现代设计手法与传统文化相结合。摒弃对传统的模仿，从精神上表达对历史文化的尊重与再现，减少生态干扰，如图 3-7 所示。

图 3-7　八达岭站景观设计示意图

（3）大泽风光段——纯净绿色共享文明：东花园北站—怀来站。协调官厅水库风光及涵养水源功能，种植防洪固沙、净化根系发达的乡土树种，呼应水景观地域风貌，同时最大化减少人工建设带来的水体流失现象。图 3-8 所示为东花园北站景观设计示意图。

（4）燕北风光段——融汇多元时代文明：下花园北站—宣化北站—张家口站。依托晋、京、冀文化交汇地域特点，布置本土特征树种，建立绿网交织、多元和章的景观风貌，体现塞北地域风貌。图 3-9 所示为张家口站景观设计示意图。

图 3-8　东花园北站景观设计示意图

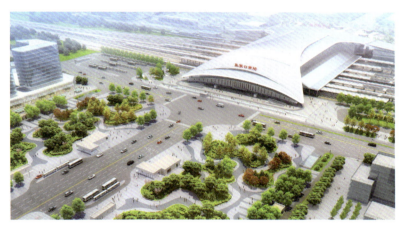

图 3-9　张家口站景观设计示意图

（5）雪国风光段——雪国圣洁永续文明：太子城站。突破传统铁路景观单一模式，依托崇礼自然丘陵地势，以大量的林木整齐排列，增大常绿树种比例，确保冬季景观观赏效果，如图 3-10 所示。

图 3-10　太子城站景观设计示意图

2）绿化设计

站区景观绿化结合建筑功能主要分为广场区绿化、办公区绿化、生产区绿化站台区绿化以及生活区绿化。

（1）广场区绿化空间布局迎合使用需求，构建客流集散空间、休憩空间和观赏交流空间等来充实广场的层次。

（2）办公区绿化坚持以人为本，根据功能区合理植物配置。办公区绿化选择有季相变化的特色植物，色彩搭配合理。

（3）生产区绿化根据车间生产特点，考虑生产运输、安全、维修、管线影响等要求进行植物配置。在保证绿化不应影响车间采光、通风的前提下进行设置。有污染车间周围的绿化，应考虑污染物的成分和污染程度，选择抗性树种。仓库堆场绿化，应充分考虑交通运输条件和储存物品的搬运，方便装卸运输。

（4）站台区绿化注重与路基绿化相协调，需保证行车安全且不影响交通。

（5）生活区绿化结合建筑布局和原有地形合理进行植物配置，达到改善生态、美化生活环境、增进员工身心健康的目的。

◎ 3.1.3 京张站房全线文化主题

中国高铁技术已经成为一张有分量的"中国名片"。高铁文化的表达如何能够在建筑上镌刻上新时代的思想，充分展现中华文明的源远流长和勃勃生机，文化是融合的一种表现方式。高铁站房是展现城市本土文化的窗口，也是展示国家文化传承的窗口。高铁客站在为旅客提供便捷交通服务的基础上，应与城市建立文化联结，积极传递人文价值，体现民族文化自信，展现城市乃至国家的文化软实力。

京张高铁全线文化主题的表达归纳起来表现在两个层面，即共性的层面与个性的层面。共性层面文化主题的表达主要包含京张高铁的标识体系、文化信息主题及京张文化元素的提炼和应用；个性层面文化主题则充分挖掘各个站房所处区域的不同文化信息主题，展现文化信息呈现的区域性和差异性。从共性与个性两个层面共同展开文化信息的挖掘以及在站房空间中的呈现，成为建立和沟通人与站房空间、城市文化的信息载体，从文化的呈现与认同的角度进一步加强站与城之间的联系和融合。

京张铁路是第一条由中国人自主修建的干线铁路。1909 年，詹天佑创设"人"字形铁路，巧借山势而动，完美诠释了"反者道之动"的道家哲学。京张高铁全线文化主题定位为"天地合德，百年京张"。其主要寓意取自"人"字形意。中国哲学中对人之所以为人的至高理解与追求是"天地合德"。与天合德：天行健，君子以自强不息；与地合德：地势坤，君子以厚德载物。新、老京张所承载的穿越百年的"中华民族伟大复兴的中国梦"，以及线路最具代表性的中华民族文化遗产和精神图腾——长城，无一不应和"天地合德"的精神内核。

因此，在对于京张高铁文化内涵的解读中充分考虑了以下要素：即创造和践行的主体——人；最能够代表京张高铁所处区域文化象征的符号——长城；能够体现中华伟大复兴精神的载体——中国高铁。"人"字的象形含义表示一个懂得鞠躬、谦逊的直立动物。人之所以能够鞠躬，是因为内心会思考，明白个体力量的不足，需要与他人合作。长城不仅是中国古代文明成就的代表，更是世界级的文明奇迹。在中国的数千年文明史中，长城的修建在带动周边发展、民族融合等军事、经济、文化上都具有突出的价值和意义。数千年迄今，长城已成为中华民族的文化标志之一，是中华民族自强不息的精神图腾，也是传统中国的名片。中国高铁网络的建设创多项全球之最，其建设规模、建设速度、技术成就都位于世界前列，成为当下新的中国名片。高铁之于当下中国，如长城之于古代中国，其在经济、军事、文化发展上的促进作用毋庸置疑，功泽千秋。从铁路到高铁的百年发展凝聚着数代铁路人的心血，在他们身上也折射出中国人自强不息，为中华民族的伟大复兴孜孜以求的精神。

从人、长城、中国高铁的多维视角出发，将京张高铁的文化要素信息呈现提炼为 4 种视觉载体，分别是：代表中华民族精神和京张铁路的视觉符号"人字纹"；代表中国铁路历史的视觉印记"苏州码子"；代表中国哲学精神的视觉镜像"山水视界"；代表中国美学的视觉韵律"五行五色"。将这 4 种文化信息符号载体贯穿于京张高铁全线站房的空间设计中，起到了提示和宣扬京张高铁文化的重要作用。

1）人字纹

"人字纹"造型提取人的文字流变造型，创作出多种"人"的造型，用于细部及标识性装饰及造型，如图 3-11 所示。具体应用如下：

a) b)

图 3-11 "人字纹"设计过程

（1）"人字纹"用在京张高铁通用 Logo 图标艺术设计，体现"人"在新老京张铁路中发挥的重要意义，在 Logo 设计中全站贯穿人字纹元素。在原方案的基础上，冬奥会期间的通用 Logo 增加了滑雪滑道元素和积雪元素，以及代表冰雪的蓝色配色，彰显了冬奥会的运动性氛围，如图 3-12 所示。

"人字纹"Logo 应用在京张高铁文化设计的各个环节，比如八达岭地下站的灯具造型、井盖图案、护栏、安全门玻璃丝网印刷等，如图 3-13 所示。

（2）重复阵列应用。可按需求等比放大或以基准图横向、竖向拼接，应用在玻璃表面、通风口、立柱踢脚等，如图 3-14 所示。

图 3-12 京张高铁通用 Logo 图标

a）井盖应用效果

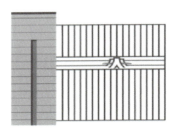

b）"人字纹"护栏应用效果

c）安全玻璃门效果

图 3-13 "人字纹"Logo 应用

a）

b）

图 3-14 "人字纹"重复阵列应用效果

（3）衍生山形应用。可按比例需求进行放大缩小，应用于艺术丝网印刷，外立面玻璃、马赛克瓷砖拼接等，如图 3-15 所示。

a）

b）

c）

图 3-15 "人字纹"衍生山形

（4）点状化布局应用。可按需求等比放大或以基准图进行横向、竖向拼接，主要应用在站台候车地面，不同站台对应不同色彩的应用方案，如图 3-16 所示。

图 3-16 "人字纹"点状化布局应用效果

2）苏州码子

"苏州码子"造型以"苏州码子"花数"数"的部分为设计元素，进行图形抽象化提取以及打散重构，创作京张高铁独有的"苏州码子"装饰纹样，体现花数本身的特性，如图 3-17 所示。

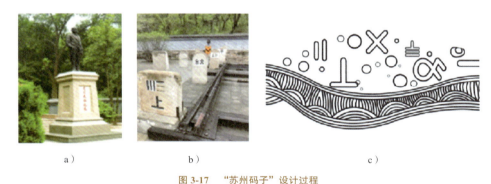

图 3-17 "苏州码子"设计过程

"苏州码子"是老京张线独有的里程标识符号，是中国人第一条自主建设铁路的印记。将"苏州码子"转化为极具视觉冲击力的艺术化形式，寓意中国铁路源源不断的生命力。利用"苏州码子"的组合性混合使用，可等比例缩放，适用于地面、墙面踢脚、栏杆玻璃等细部及标识性装饰，如图 3-18 所示。

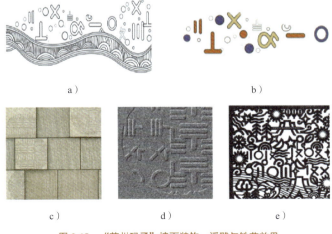

图 3-18 "苏州码子"墙面装饰、浮雕与铁艺效果

3）山水视界

"山水视界"主要展示中国哲学精神的视觉镜像。提取中国山水画的核心表现元素及技法，将传统中国画的写意手法，结合现代性的表现方式加以呈现，创作京张高铁独有的"中国山水意象"装饰图像及纹样，如图3-19所示。

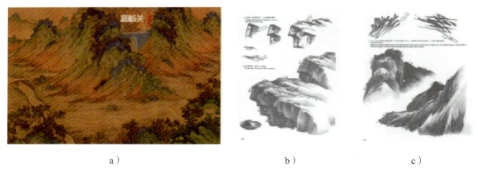

a）　　　　　　　　b）　　　　　　　　c）

图3-19　"山水视界"设计过程

"山水视界"主要应用在柱面、墙面、玻璃幕墙、栏杆玻璃等细部及标识性装饰及造型。如八达岭地下站候车厅雕刻的八达岭长城山水长卷、太子站地下一层大厅主壁画、清河站二层候车大厅的机电单元等。

4）五行五色

"五行五色"表达了中国美学的视觉韵律。与五行相关、与五方相配，东南西北及中央对应五色。汲取五色观理念，创作具有中国特色的色彩应用体系"五行五色"，分别是"水墨黑""青花瓷""琉璃黄""冰雪白""春节红"，如图3-20所示。

a）　　　b）　　　c）　　　d）　　　e）

图3-20　"五行五色"设计过程

3.2　站城融合——京张高铁站房与城市空间的融合关系

高铁站点在城市中的地位十分重要，常常成为一个城市的集散中心、商业商务办公中心、文化娱乐体育中心、信息交流和服务中心。高铁站点在城市中乃至区域中的区位选择对高铁站点及高铁站区的发展有着极其重要的影响，同时对高铁站周边地区的空间形态和功能定位及设站城市的城市建设与社会经济产生深远的影响。

当前，关于高铁站及其周边地区空间范围的研究，主要以Schutz(1998)、Pol(2002)等人结合高铁站点周边地区开发的案例研究为主，提出了"三个发展区"的结构模型；国内学者郝之颖（2008）在此基础上进一步提出了三圈层的大致规模和范围，总结如下：第一圈层为核心地区，距离车站 5～10min 距离，辐射范围 300～800m，规模 1～1.5km²，主要发展高等级的商务办公功能，建筑密度和建筑高度都非常高。第二圈层为拓展区，距离车站 10～15min 距离，辐射范围 800～1500m，规模在 3～5km²，主要集中商务办公及配套功能，建筑密度和高度相对较高。由于第二圈层与第一圈层是覆盖关系，因此，第二圈层的功能相当于分布在除去第一圈层 1.5km² 外的 2～3.5km² 的空间范围内。第三圈层为影响区，辐射范围大于 1500m，是可以在任何位置为旅客提供任何服务的区域，不受服务时间和便利原则的限制，因此，是一个真正开放的城市区域，分布在整个城市范围内。

通过对京张高铁站房选址的地域分析、区位分析、功能定位以及文脉研判，京张高铁站房在站城融合模式上提出了 4 种创新模式：一是以北京北、清河枢纽为代表的，满足城市规划及城市设计要求，融入周边环境，创造亲人尺度，并且集多种交通为一体，形成的综合交通枢纽，同时起到缝合城市的作用，为京张铁路遗址公园的建设等城市更新创造了有利条件；二是以八达岭长城站为代表，体现对环境的尊重，采取消隐融合手法的特色车站；三是以张家口站为代表的，作为新城开发引擎，带动城市发展的新枢纽；四是以太子城站为代表，与当地独具特色的自然环境共生的融合设计。

◎ 3.2.1 城市中心的融合（融入——北京北站）

高铁车站根据高速铁路自身的特点和城市社会经济的发展要求，在功能上由过去相对单纯的对外交通疏散地逐渐演变为城市交通网络中的交汇点，并与轻轨、城市轨道交通、快速公交、长途汽车客运、社会与出租车等交通系统整合，发展成为枢纽地区，使该枢纽地区承载越来越多的城市公共交通与经济服务的功能。其中，位于城市中心区的高铁站最大的优势就是交通可达性较好，且站点周边获得城市中心及高铁站点的双重区位优势，也为城市的内部更新带来契机。但考虑到城市中心区域建筑密度大且用地紧张，这类城中站周边受城市其他要素影响较大，因此各类功能分布多为延续城市原有肌理。这种类型站点多为原铁路站址改建，在特大、大城市或原来有铁路的中小城市较为多见，具体做法是利用城市现状存在的旧火车站，将高速铁路引入现状旧站，在旧站基础上进行改建更新，升级成为城市高铁客站，如北京北站。

北京北站始建于 1905 年，曾于 2007 年重建，2009 年开通运营。2019 年底京张铁路工程适应性改造后，北京北站作为京张高铁的起始车站，其地位举足轻重，是全球旅客"打开京张铁路之门"时"所见之山"。

1）位于城市中心区域

北京北站位于北京市内，毗邻西二环，坐落于北京西直门区域综合交通枢纽、西环广场大型综合性建筑群内，属于首都功能核心区。北京北站区位及周边环境如图 3-21、图 3-22 所示。

图 3-21　北京北站区位图

图 3-22　北京北站及周边环境

　　既有北京北站是北京轨道交通枢纽的重要组成部分，也是京包铁路、京通铁路和北京市郊铁路 S2 线的始发、终到站。车站采用尽端式站型，车场规模 6 台 11 线，站房规模 21442m^2，建设时最高聚集人数 3500 人。国铁、城市轨道交通、公交等多种交通汇集在此，经过 20 多年来的建设、运营，形成集城市轨道交通 2 号、4 号、13 号线、国铁（北京北站）和地面公交多种交通体系和综合服务为一体的综合性大型交通枢纽，这里聚集着大量的人流车流，承担着巨大的压力，且开发建设用地受限。

　　2）城市中心的起始站——门户功能

　　北京北站作为京张高铁线路中处于城市中心位置的高铁站房，改造前承担京包铁路、京通铁路（普速）和北京市郊铁路 S2 线的始发、终到客运作业，改造后作为京张高铁的始发终到站，且与城市轨道交通 2 号、4 号、13 号线西直门换乘站一体衔接，担负着疏解交通和融入城市的门户功能。

结合北京北站所处北京铁路枢纽的功能形态、西直门综合交通枢纽的现状布局，综合建设条件、运能预测和交通组合特点，确立与枢纽交通一体化设计的理念，明确车站在枢纽中的主导性，以"精品""智能"为标准，开展适应性的升级改造。在已形成的城市轨道交通枢纽格局基础上进行改造，以增强高铁始发站客流集散功能"适应性"为目的，遵循国铁集团、首都上位规划，融合城市交通，通过优化站内站外的布局、增设智能高铁技术手段和先进的设计手法，使得车站的进出站流线更加顺畅、清晰，车站与城市轨道交通线之间的立体换乘实现快捷、无缝衔接，在延续、优化既有站房功能的同时，提升高铁、城市轨道交通的换乘效率，由此北京北站成为北京市城市交通设施的重要资源和组成部分。

（1）完善铁路北京枢纽的整体布设。

据2008年铁路路网交通布局，北京北站是北京枢纽"4主"（北京站、北京南站、北京西站、北京北站）"2辅"（通州站、丰台站）的主要客站之一。京张铁高铁引入都市中心北京北站，高铁列车由此接发，普速列车全部改由清河站接发，明确了两站列车"双始发"的功能与分工，使北京北站在北京市西直门综合交通枢纽中凸显主导方的功能更为清晰。依从北京枢纽铁路交通一系列的站线、区域布局、规划，改造设计由此展开。

京张高铁优化普速高速功能分工：实施北京北站—清河站双始发、高铁线路五环入地、清华园隧道南延的整体方案，北京北站11条股道和6站台顺应引进，高铁电气化牵引随之入站，（图3-23）；到发股道的南移及全部旅客站台位置、高程、限界的精工整修；调整匹配高铁和市郊列车运行方案；最大限度地缩短尽端站旅客行走距离、优化进出站流线；厘清多种交通界面，封闭高铁车场。令普速客站升到高铁客站的水准、与铁路北京枢纽所有主要客站机能得以统一；为站内信息、标识引导系统达到铁路北京枢纽一体化的更新升级，全面应用当今高铁核心技术及成果，挖掘利旧既有房屋设施，采取检测加固等措施，转换功能、合理布设，提升车站在京张高铁线整体智能、站线运行机能和服务质量，保证铁路北京枢纽运力、运能，站线一体化布局得以完善。

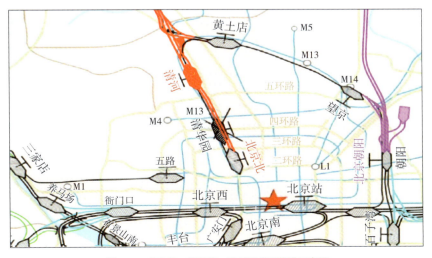

图3-23　北京北、清河站＋区间清华园隧道示意图

（2）融合城市交通的一体化布局。

根据北京市及铁路规划要求，结合西直门交通枢纽的地理位置、周边条件，围绕北京北站改造的必要性、可行性深层论证反复研究，得出展开与西直门综合交通枢纽一体化布局的改造方案。尽端式站型构成"上进下出""平进下出"的进出站流线；地铁2号、4号、13号线在此站换乘，形成地下2层、地上高架的立体交通空间；分布于西环广场综合体四周区域16个公交、广场地面地下层的社会车、出租车流，复述着20多年来西直门综合交通枢纽不同功能和复杂、压力。面对枢纽人流车流密集、交通紧张的现状，京张高铁开通，高速交通形式深入市区中心，将有利于西直门综合交通枢纽的减缓压力、高效疏导，使其独占先机。对枢纽交通换乘空间相关节点或布局精良布设、一体衔接成为设计改造诸多命题的主体。

3.2.2 城市更新的融合（织补——清河站）

清河老火车站始建于清光绪三十一年（1905年），由詹天佑设计。老清河站承载着百年的历史，为了实现对老站房的保护，采用异地搬迁保护及修缮的方案。在京张高铁的建设中，新建清河站作为京张铁路的第二站，2022年冬奥会的始发站，总建筑面积14.6万 m^2，是以铁路客站为中心，与其他交通方式有机衔接的综合枢纽交通体，建成后清河站将成为北京北部新的综合交通枢纽，不仅承担大部分京张高铁客车的始发终到及经停功能，还兼有服务城市周边地区交通出行和加强区域交通联系的功能。

1）位于城市多功能交汇区域

根据《北京市"十三五"时期重大基础设施发展规划》中建设清河铁路枢纽、缓解北京北站压力、优化铁路枢纽功能格局的要求，为解决旅客便捷出行与城中心车站带来的交通压力之间的矛盾，京张高铁采用双始发站模式，即北京北站、清河站均作为始发站，两座客站之间的铁路采用地下隧道的方式，规划方案与城市规划紧密结合，如图3-24所示。

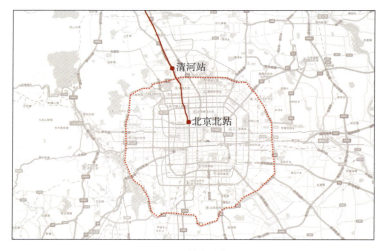

图3-24　双始发站布置图

新建清河站，位于北京市海淀区城市轨道交通 13 号线上地站与西二旗站之间。用地西侧依次为 13 号线、京新高速公路（简称"G7"）及上地东路，北侧为安宁庄北路，东侧为规划站东街，南侧为小营西路。

清河站周边分布有大量高新技术企业，上地信息产业区、中关村产业区、小米科技园等重要的高新技术企业云集，拥有其他片区难以企及的优厚资源。其西侧为以科技产业园、产业大厦为主要业态的上地信息产业基地，东侧分布以上地产业区业态延伸的小米产业园、三元科技园等高新技术企业。大量乘客人群、商务人群与高新技术企业人才赋予片区极大活力的同时，要求区域具有完备的交通设施，满足大量人员的出行需求。

新建清河站为 4 台 8 线。按照北京市规划，城市轨道交通昌平南延线和 19 号线支线在此设站，既有城市轨道交通 13 号线在此加站，增加配套公交车场、出租车场、改造周边交通等，形成综合交通枢纽。

清河站北部设有昌平车站，因此昌平城区、延庆、门头沟等区对清河站的需求较弱，其服务中心将以南部市中心为主。根据市政交通规划研究，清河站南部客流集散方向占总客流量的 88%，北、西、东为次要方向，分别占 5%、3%、4%，如图 3-25 所示。

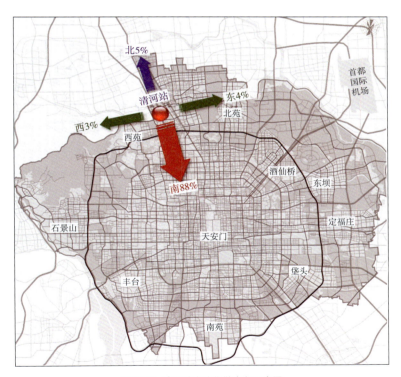

图 3-25　清河站客流集散方向示意图

清河站旅客发送量预测近期（2022 年）为 1450 万人，远期（2030）年为 1600 万人。旅客最高聚集人数为 6000 人，近期（2028）高峰小时客流量 3900 人，远期（2038）高峰小时客流量 4300 人。

2）与多种交通功能的衔接共生——织补功能

清河站综合交通枢纽包含铁路站房、城市轨道交通 13 号线、城市轨道交通昌平线南延线及 19 号线支线车站、公交站场、出租与社会车辆场地等。如图 3-26 所示，由于规划清河站综合交通枢纽为原址新建工程，位于城市建成区，与周边关系密切，割裂了城市形态，设站区域周边路网交通压力大；且地处过境通道"咽喉"区，过境交通量大，在清河火车站未接入的情况下，该区域地面交通已出现承载能力不足的问题。另外，由于受西侧 G7 高速公路及东侧已建居民区影响，清河站综合交通枢纽用地狭长，设站条件困难；在清河站综合交通枢纽建设过程中，原有城市轨道交通 13 号线将拨线引入新建站房内，与国家铁路线路同场并行设置，站场功能复杂，接驳、疏解要求高、难度大，更应规划设计合理统筹，进行精细化设计，充分考虑工程分步实施方案。怎样在有限的空间内实现国铁、城市轨道交通、市政交通之间的高效换乘，怎样将割裂的城市空间进行"织补"，实现东西两侧居民的自由通行、与周边建筑及环境融为一体是清河站设计的重点和难点。

图 3-26　清河站现状为割裂的城市空间

3）融入环境，织补城市

首先是线路采取地下隧道模式。通过一体化规划布局，提出"北京北、清河站＋区间清华园隧道"模式，实现客站选址与城市设计一体规划的设计策略。此种模式打破了传统"一线一站"布局、避免了超大型客站"城中城"现象、符合首都"区中心化"的整体规划；有效减轻了西直门地区和北京北站至清河站的往返旅客交通压力；方便了清河地区，尤其是回龙观小区（约 60 万人口）的居民出行，有效缓解了城市交通压力。此种模式有效织补城市，保证了城市道路的顺畅衔接。北京北站至清河站的区间线路在五环内采取地下隧道方式，使原本被地面线路"割裂"的城区融合贯通，城市主干道顺畅连接，保持了地面交通的完整性。

其次是清河站利用东侧有限的道路空间，采用立体交通的设计手法，使清河站与东部城区完美结合，达到了畅通融合的目的。

综合交通枢纽布局是枢纽所在区域周边的城市环境、枢纽定位、功能需求、交通能力4个方面因素综合作用的结果。清河站综合交通枢纽布局包含铁路站房、城市轨道交通车站、公交出租及社会车辆场地的综合布局，应结合城市周边环境，在不影响两侧建成区的前提下，将被站场割裂的城市空间重新织补，重塑城市空间，重新定义城市脉络。

由于公交车是铁路及城市轨道的主要集散方式，将公交场站设施与轨道系统距离最近设置。考虑到清河站主要客流来源为城市轨道交通客流，对周边地块的服务需求高，东西侧客流比例为55∶45，所以东、西两侧都需完善慢行系统相关设施。由于清河站东、西两侧路网条件有限，应布设必要的临时停车设施（出租车停车位），且应分散布置。

地面道路系统接纳能力有限，城市轨道交通有较为充足的客运接纳能力，因此城市轨道交通将作为清河站主要的客流集散方式。调查显示，京张城际与京郊方向潜在客流均有较高的城市轨道交通出行意愿，现况城市轨道交通使用比例已达57%，结合北京既有火车站的情况并参考同类规划火车站（丰台火车站规划轨道交通客运比例为60%），将城市轨道交通疏解目标定为60%，其他地面交通方式占比40%，并以此指标控制枢纽设施规模。

设计将运营中的城市轨道交通13号线清河段站台及线路与铁路站台并列设置，站厅位于站房下方，与城市轨道交通昌平南延线、19号线支线共用，实现三线换乘，不仅有效节约了空间，还减少了三条城市轨道交通间、城市轨道交通与国铁间的换乘距离，提高了交通通行效率。

同时，将城市轨道交通13号线清河段的高架线路落地与铁路站场同场设计，可以充分利用周边空间，节约利用土地。将西侧京新高速桥下空间下挖处理，通过站城区域一体化布局，设计为"下沉广场＋地下通廊"的模式，将割裂的城市空间"织补"起来，实现城市居民东西两侧的自由穿行的同时，实现城市空间连续。

在有限的建设用地上，合理布置国铁、城市轨道交通的各项功能空间，在国铁、城市轨道交通流线简洁、畅通、不交叉的前提下，在地下一层实现了国铁与城市轨道交通的"零换乘"关系，实现了东西两侧居民的自由通行，实现了城市空间的织补。

◎ 3.2.3 文化遗产的融合（消隐——八达岭长城站）

八达岭长城站与长城风景区周边的自然地貌融为一体。通过虚化立面、局部架空，控制建筑体量，烘托"形隐于山、沉静稳重"的建筑效果和氛围，表现交通建筑的现代化和标志性特征，弱化了建筑对历史文化遗址和自然景观的影响，表达出对中华文明、百年京张的崇敬，传达出京张高铁新时代建设者的自信。

1）位于历史古迹风景区内

八达岭长城站位于京郊八达岭风景区，是明长城最具代表性的区段，山脉连绵起伏，风景秀丽。通过对滚天沟停车场区域的综合整治，打造一处集交通集散、休憩游览、文化休闲于一体独具特色的休闲广场，为京张高铁与八达岭景区的完美融合创造一个新的景观亮点。

长城不仅是中国古代文明成就的代表，更是世界级的文明奇迹。在中国的数千年文明史中，长城的修建在带动边带发展、民族融合等军事、经济、文化上都具有突出的价值和意义。万里长城是中华文明的重要象征，承载着悠久的历史、灿烂的文化，凝聚着中华民族的勤劳、勇敢和智慧，渗透着伟大的爱国主义精神，是中华民族不屈不挠、前赴后继的最好历史见证。

2）以人为本的站线选址

八达岭长城站线位、站址的选择尊重景区规划愿景，实现区域交通融合，是铁路建设工作贯彻习近平总书记"以人民为中心"的发展思想和"绿水青山就是金山银山"环保理念的典范之作。

沿既有京张铁路通道，线路将穿越世界文化遗产八达岭长城核心景区，沿线景点密集、文物密布，环境保护、文物保护要求高，对工程建设的要求极高。但为了给八达岭景区提供便捷环保的高铁交通支持，给延庆提供高铁接入条件，为游客和群众提供更优质、更便捷的交通服务，同时为冬奥会延庆赛区提供更快速、更可靠的高铁服务，最终选择了沿既有京张铁路通道的线位方案。

线路确定后，为减少对八达岭景区的影响，适应八达岭景区游客服务需求，车站站址最终选择了景区滚天沟停车场内。如图3-27所示，车站采用了地下式站型，虽然建设难度大，但方案可以将地面站房定位于长城保护五类建设控制地带（缓冲区），减少工程对环境的影响，更能在"无换乘"的条件下将游客直接输送至核心景区，提供极其便捷的客运服务。这也将大大减少旅客对汽车出行的依赖，改善了景区环境。目前，结合车站的设置，延庆区政府已经重新调整了景区规划，滚天沟停车场已被取消，拟改造成为一条绿色人文的景区走廊，往日景区核心人车混流的混乱景象将大大改善。

3）融入环境的建筑设计

建筑形态的消隐强调建筑融入环境而非突显。八达岭长城站体现了建筑消隐的环保设计理念，实现了车站与景区的"环境融合"。该站处于八达岭核心风景区核心区，为最大限度地保护文物古迹和周边优美环境，车站建筑设计以"融入自然、隐于山间"为设计理念，从建筑布局、造型、肌理等方面对车站进行精心刻画，实现建筑的消隐融合。

（1）建筑布局——立体三层级空间布局。

根据北京市划定的八达岭长城保护范围及建设控制地带规定，滚天沟停车场内规划要求在中线西北地带不得进行建设，只能作为停车场。中线东南地带沿山可建部分为开展旅游管理的商服用房，其建筑面积应尽量少，体量应尽量小，不得影响山势和长城景观。

a）空间布局

b）景区封闭范围示意图

图 3-27　八达岭长城站总体规划

为减少新增工程对环境的不良影响，设计与环保部门合作，通过现场调查，将地形图建筑轮廓、长城等数据整合，并利用 CAD、GIS 等软件工具建立 DE 米模型，从八达岭长城北 1 至 8 楼、南 1 至 4 楼进行视域模拟分析，最终确定了车站露出地面建筑体量长 80m、宽 30m、高 9m 的基础数据。根据研究结论，设计统筹考虑线位、站位、客流组织以及机电设备，最终形成了地面进出站层（2000m²）、地下一层候车层（7000m²）、地下 100m 站场及进出站通道（40000m²）的三层级建筑布局模式，如图 3-28 所示。通过复杂的技术策略最大限度地满足了景区环境保护、文物保护的需求。

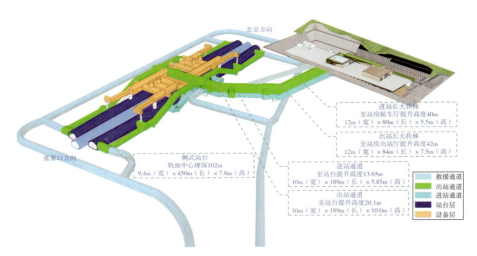

图 3-28　八达岭长城站建筑布局

（2）建筑设计——造型、肌理与环境和谐统一。

为了最大限度让车站融入环境，还原八达岭风景区壮丽秀美的生态原貌，对地面站房的造型与肌理进行了精心的设计策划。

站房紧临滚天沟停车场东侧山体，与八达岭长城博物馆毗邻。为了达到建筑"消隐"的视觉效果，设计采用了弱化建筑视觉体量和拟态周边环境的手法对建筑造型进行严格把控。一方面结合功能需求，将 30m×80m×9m 的既定建筑体量化整为零，拆解成旅客进站单元、旅客出站单元和管理办公单元 3 个独立的功能体块，减小建筑体型以达到消隐效果；另一方面对功能单元进行"磊"砌组合，依山就势拟态山体，与景区环境协调统一，融为一体。

为实现建筑与景区的融合，综合运用了多种设计手法，如图 3-29 所示。

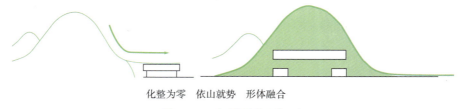

图 3-29　八达岭长城站设计手法

①形体融合：整体设计通过建筑体块的错落堆叠，呼应了错落有致的长城形式，如图 3-30 所示。站房的立面采用和长城城墙相似的米黄色自然表面砂岩石砌筑，将长城的文化特征融入站房中来，如图 3-31 所示。

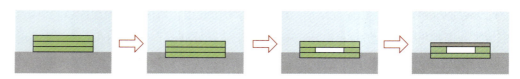

图 3-30　形体融合

京张高铁站房站域空间的站城融合设计　CHAPTER 3

图 3-31　八达岭长城站立面图

②化整为零：设计中将站房功能尽量布置在地下，同时将地面部分分解为 3 个体块，消解体量。建筑临街一侧为一层，靠山一侧为二层，使建筑自身形成退台，依山就势，如图 3-32 所示。3 个体块的合围之中为站前主广场，形成一个半围合的过渡空间，增加空间层次。在靠山一面利用山体已有的挖开区域营造下沉广场，将阳光和绿化庭院引入地下空间，提升地下一层候车大厅的空间品质。

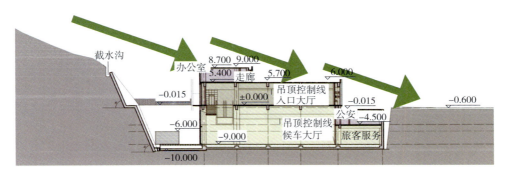

图 3-32　化整为零（标高单位：m）

③依山就势：八达岭长城站站房位于地面，通过斜向隧道与地下站台相连。站房背靠山丘，正面临街，两侧为其他建筑。

④交通消隐：八达岭长城索道起点邻近京藏高速公路。滚天沟目前作为八达岭长城风景区的公共停车场，社会车辆可通过滚天沟内道路到达站房入口，未来拟在滚天沟设步行街，停车场设于较远位置，乘客可步行至站房，或乘坐摆渡车辆到达站房入口。

3.2.4　城市边缘的融合（引领——张家口站）

高铁客站在功能上已经不仅仅是单一的对外交通集散场所，现正逐步演变成为城市交通网络中的交汇点，是实现多种交通方式换乘的功能区域，与城市轨道交通、快速公交系统、长途客运、社会与出租车等交通系统相互整合和一体化发展，形成了城市枢纽。高铁站区承载越来越多的城市公共交通与社会服务的功能，是完善城市功能和彰显地域特色的形象窗口。

当城市规模较大，单中心的城市结构将无法满足城市的进一步发展，此时就需要另一个具有活力的城市新兴增长极来保持城市社会经济的持续发展，缓解主城区的压力，高铁片区无疑是最好的选择。

位于城市中心区边缘的高铁片区，由于其在空间联系上靠近原有中心城区，可以充分借助于主城区成熟的基础设施配套，交通便捷、通达性高。同时，位于城市中心区边缘的地区，周围土地可开发利用潜力较大，拥有可观的开发空间与较低的开发成本，这样的高铁片区往往可以成为城市发展的突破口。

城市环境是高铁站的生成空间与存在场所，与环境的良好协调是实施站城融合的重要保障。构建高铁站的空间形态与功能体系要以城市实际条件为基础，在此基础上，高铁站的场地选址、建设规划需要与城市环境保持动态协同，以节点形式嵌入城市结构，以顺应城市形态、协同城市发展、带动城市更新。

1）位于城市边缘地带

张家口站位于张家口市主城区以南，京包铁路张家口南站旧址。该枢纽位于张家口城市建设用地的最南端的边缘地带，其南侧规划有新的经济技术开发区，如图3-33、图3-34所示。

图3-33　项目区位图

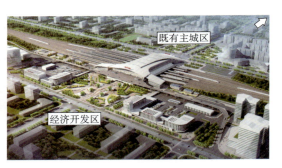

图3-34　总体规划鸟瞰图

2）立足城市发展的定位——引领功能

由于站位及铁路车场布局的关系，铁路线路会对城市形成明显的物理分割。综合枢纽理念的引入及地下城市通廊轴线的设置可以对人行流线形成有效疏导。如图3-35所示，车行流线疏导的做法是打通新建和改（扩）建钻石路、虹桥路、中兴路南延下穿铁路隧道，完善南北道路联系；改造拓宽站前大街西段，使站区周边路网形成"三纵两横"布局形态，打通片区的"脉络"。

在完成片区交通脉络后，开始进行区域功能布局。根据张家口地区规划，城市规划向南发展，客运站位置应符合城市规划的要求。规划设计应充分发挥节点辐射作用，从而引领城市的功能，如图3-36所示。具体体现在：

一轴：以连通高铁站南、北广场的南北向轴线为城市发展轴线。

三心：张家口站作为片区核心驱动，高铁枢纽为交通核心，南、北广场为城市绿心。

京张高铁站房站域空间的站城融合设计

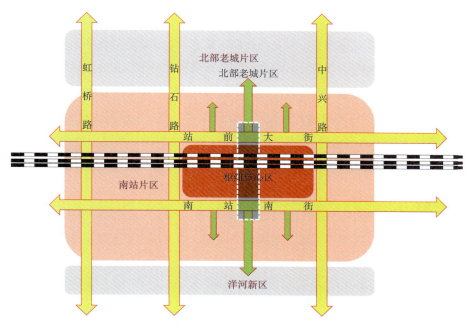

图 3-35　站区路网布局示意图

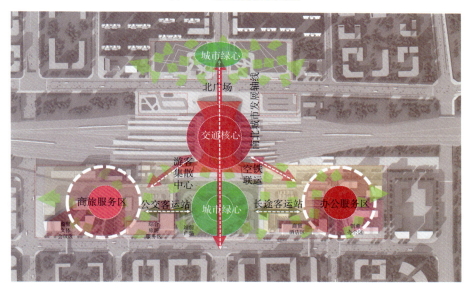

图 3-36　站区规划架构示意图

两区：西侧商贸文体会议中心及综合旅游服务区构成交通商旅服务区，东侧商贸酒店及创意办公建立交通商务办公服务区。

该规划架构不但丰富了高铁站区域功能，营造出多元化的高铁站城市空间，达到了"站城融合一体"的效果，并满足了张家口未来较长时期的发展需要，也能让站区枢纽快速融入城市生活，成为后奥运时期张家口最有活力的地区。

在总平面布局中，地上平面站房北侧紧邻城市老城区，场地条件有限，主要设置人行广场及车场。站房南侧用地均为新征，限制少，面积大，故采用综合开发模式，设置多种交通、换乘、商业功能。其东西两侧分别设有长途及公交枢纽，紧邻站房设有游客中心及空铁联运站，市政高架桥平接站房高架平台；片区内枢纽功能齐全，交通疏导便利，建筑风格与主站房贴合。地下平面布局为综合开发重点，以贯穿车站区域南北的城市通廊为轴线，设置枢纽地下换乘厅、出租车接站、社会车辆接客区及停车场、地下配套商业等多种功能。该轴线也是换乘北侧两处、南侧一处的城市轨道交通线路，以及换乘公交、长途客运的核心轴。

张家口站前大街以北用地边界内的商业用地以及居住用地，调整为公园绿地及广场用地；站前大街以南、站房东西两侧铁路用地与城市防护绿地，调整为广场用地、公共交通场站用地以及交通枢纽用地。

站房南广场区域调整为广场用地和交通枢纽用地，枢纽用地东西两侧区域结合综合枢纽一并经营建设，用地性质调整为商业用地及商务用地，以便用于综合开发建设，其经营所得可以为枢纽的投资建设运营补亏。

如图 3-37 所示，枢纽片区的铁路站房及配套房屋、长途站、客运站、公交首末站及城市轨道交通设施在此处组成枢纽，对内并入市内交通系统，对外接入到全国铁路网，通过交通手段盘活城市片区。建成后的张家口站综合枢纽将打破城市发展壁垒，成为城市向南发展的重要节点，新经济开发区对外联系的大门，引领城市发展。

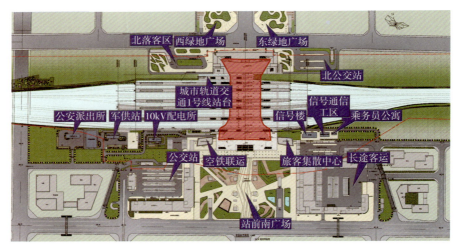

图 3-37　站区总平面布置图

3.2.5　自然环境的融合（共生——太子城站）

地理环境是自然环境的组成部分之一，任何建筑地域性的表达设计对于地理环境因素是不可忽视的。建筑所在环境的地形地貌等特征在一定程度上决定了场所的性格，建筑与基地对话协调一致，达到建筑与环境的融合。在建筑创作的过程中，基地内的地形对于满足铁路客站的功能流线等有着重要的影响，而基地周围的自然景观则是突出客站地域特性的一个突破点。在场地自然环境和客站建筑之间求解，应充分发挥客站建筑空间、界面与环境呼应的关系，因地制宜地与周围环境对话。

1）位于极富特色的自然环境

新建太子城站位于京张高铁崇礼支线，位于张家口市崇礼区太子城村，是2022年冬奥会的主赛场，距离张家口市50km、崇礼区15km、太子城村2km。基地自然景观条件非常优越，四面环山，三水交汇，冬季平均气温一般为 −12℃，年平均气温19℃。冰雪文化是当地的特色文化，兴建了大量的滑雪场，还有极具特色的冰雪小镇。基地概况如图3-38所示。

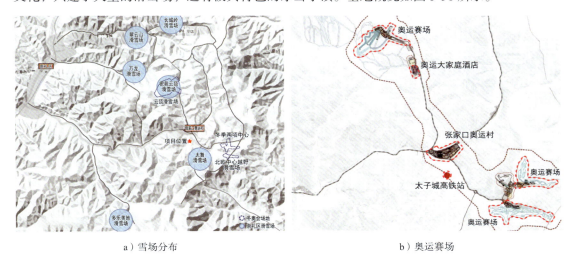

a）雪场分布　　　　　　　　　b）奥运赛场

图3-38　基地概况

2）融入自然站房设计——形态共生

太子城站位于2022年冬奥会的主赛场，作为奥运颁奖广场的背景，是目前世界上距离奥运赛场最近的高铁客站，有着与城市发展相协调的建筑选址。如图3-39所示，车站正对太子城国际冰雪小镇奥运颁奖广场，周边分布有国际会议中心和太子城遗址，背山面水，自然条件优越。

太子城站以"无界"为文化主题，地理之于高铁无界，山水之于人心无界，奥林匹克之于人类无界。中国文化讲求"天人合一""天地合德"，讲究"山水画"之于人可行、可望、可游、可居。人与自然相通、空间与自然相通、人与天地相通、心性与天地相通是中国传统文化的至高追求。在太子城站的设计中，将建筑与自然环境相融合，将冬奥会文化与中国山水文化相结合，建筑融于自然、尊重自然，使建筑融入山、隐于雪、成为云。

如图3-40、图3-41所示，车站采用双曲弧线造型，曲线形式与周围山势相呼应，双曲屋面直接落地，建筑造型与周边环境自然融合，减少对周边环境的影响，强调建筑形态与环境的"共生"，充分尊重自然，体现山地建筑、绿色建筑特色。建筑采用白色的优美曲线，因山就势，融于自然，同时也体现了中国现代高铁文化特色。

太子城站的夜景设计元素来源于自然界中浩瀚的星空，表现建筑轻盈、流畅的优美曲线，如图3-42所示。根据不同时间段，太子城站的夜景也有所变化，如图3-43所示。平日里，突出入口功能照明以内透、标识字为主，屋面点光源在夜晚如同点点繁星，熠熠生辉；周末时，屋顶结构线形投灯采用 LED 蓝光，营造色彩氛围，灯光宁静舒适，突出建筑轮廓并结合屋面星点，感受夜晚自然界中浩瀚星空的宁静深远；而节假日的效果则是采用白光，营造冰雪氛围。太子城站的夜景设计提升了建筑设计理念，表现了建筑特色，用灯光语言展现了建筑的优美曲线与简洁明快、气势磅礴的设计风格。

图 3-39　站区规划

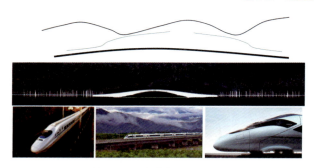

图 3-40　双曲线造型设计理念

图 3-41　太子城站效果图

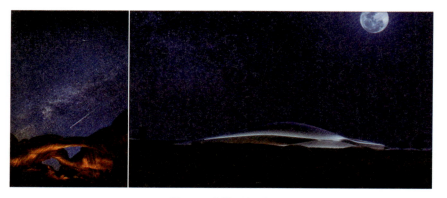

图 3-42　夜景设计理念

a) 平日夜景效果

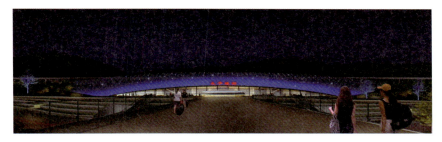

b) 周末夜景效果

c) 节假日夜景效果

图 3-43　太子城站夜景效果

3.3　站区整合——站房场地设计与周边环境的整合设计

现代大型铁路客站作为铁路网络中的重要组成部分，是旅客进行候车、乘车、中转、换乘活动的场所，同时也是城市综合交通体系的重要环节，汇聚了多种交通方式，兼具对内乘车服务和对外换乘中转的交通功能。当前的大型铁路客站主要由站前广场、站房和站场三大部分组成。其中，站前广场是客站与城市联系的"纽带"，包括车行道、停车场和旅客活动场所等；站房是客站的主体，包括为旅客服务的各种房屋（如候车室、售票厅等）、运营管理工作所需要的各种技术办公房屋及办理行李包、邮件的房屋；站场是进行客运技术作业的场所，包括线路、站台、雨棚、跨线设备等。

京张高铁是 2022 年冬奥会的运输保障线，同时也是致敬"百年京张铁路"的艺术文化线，客站作为高铁的重要组成部分,需要结合新时代新要求,对站房、站场、站区生产生活房屋及设施、站前广场等工程内容进行统筹设计、持续优化,全力打造京张高铁"精品工程、智能京张"。

站区整合优化设计坚持"以人为本、服务运输、创新引领、精细化设计、高质量可持续发展"的原则,从站城一体化,交通换乘一体化,站场一体化,综合管线和土建装修一体化,客流组织、客运设施和导向标识一体化,建筑景观绿化一体化,机电智能一体化等角度全面展开站房设计优化工作。在站区整合的过程中确立"站城融合、集约发展、人文绿色、信息共享"的总体要求,重点从站区总平面布局、建筑风格、站前广场与地下空间、站区生产生活房屋与设施、其他配套设施等方面进行一体化设计,形成角色鲜明的站区功能定位、布局明晰的站区空间结构、辐射广泛的站区交通系统、各具特色的站区外部空间环境。对于新建站的优化设计主要包括交通流线整合、站区房屋整合、绿化景观整合以及立面整合。

北京至张家口铁路客站设置见表3-1。

北京至张家口铁路客站设置一览表 表3-1

序号	站名	最高聚集人数(人)	站场规模	站房规模(m²)	站型	跨线设施	雨棚形式	备注
1	北京北站*	5000(维持既有)	4台11线		线端平式	无	站台无柱	维持既有站房规模,京张高铁始发终到站
2	清河站*	6000	4台8线	70013(146227)	线上式	地下一层共享站厅	站台无柱	新改建枢纽站房、京张高铁始发终到站
3	昌平站	500	2台7线	3000	线侧平式	8m宽旅客地下通道1条	站台有柱	新改建站房
4	八达岭长城站	2000	2台4线	8996(40583)	地下站式	分层分流的地下进出站通道	无	新建地下站
5	东花园北站	800	2台4线	3000(5000)	线侧平式	8m宽旅客地下通道1条	站台有柱	新建站房
6	怀来站	1000	2台4线	3000(10000)	线侧平式	10m宽旅客进站天桥、10m宽旅客出站地下通道各1条	站台有柱	新建站房
7	下花园北站	800	2台5线	3000(5000)	线侧上式	8m宽旅客天桥1座	站台有柱	新建站房
8	宣化北站	1200	2台4线	3000(10000)	线侧下式	8m宽旅客地下通道1条	站台有柱	新建站房
9	张家口站	3000	6台16线	12000(46800)	线正上式	地下站厅层	站台有柱、站台局部无柱	新改建站房
10	延庆站*	1500维持既有	3台4线	14951	尽端线侧平式	10m宽旅客地下通道1条	站台有柱	新建北站房(延庆支线)
11	太子城站*	1500	2台4线	11988	线侧下式	12m宽旅客地下通道2条	站台有柱	新建站房(崇礼铁路)

注:1. 表中*为奥运赛事、赛场重点关注站。
2. 括号内为站房建设总规模。

3.3.1 交通流线整合

车站规模不同，所面临的交通问题和需要衔接的城市空间也不同，因此每个车站交通流线整合设计的实际情况存在差异，但设计构思都是从车站的场地组织与周边城市空间密切衔接的角度入手，最大限度地与城市交通融合，提供便利的优化设计。场地内部则通过人车分流、不同类型车辆分流来组织流线，以实现安全便捷乘车、准时发车的目标。部分车站还需重点考虑 2022 年冬奥会的影响，设计赛时交通流线方案，以便于缓解交通压力，满足奥运注册人员、观众以及普通旅客的不同交通需求。

1）清河站"南来南回，北来北往"的交通流线衔接与组织

根据清河站客流及客运结构分析，88% 的客流来自北京城区方向，即从清河站南侧进入。经分析，北京城区开车来的客流大部分会走经京新高速公路，包括奥运期间流线也是从奥运村到北五环再到京新高速公路，最后到达清河站。因此，将京新高速公路客流与清河站高效衔接是非常重要的。

由于清河站地面空间的局促性，首先考虑在清河站南北两侧设高架落客平台，承接北京主城区及周边小汽车、出租车客流，旅客可直接从南北入口进入高架候车厅。如图 3-44 所示，考虑到客流的主要来源方向，南侧落客平台作为主要落客平台使用，与京新高速公路直接相连，即从京新高速公路出京方向新建匝道直接到达清河站南落客平台，落客后，小汽车可直接通过京新高速公路进京方向新建匝道返回北京主城区，出租车则可以到达地面出租车场。北侧落客平台作为次落客平台使用，承接清河站周边区域客流，设双向匝道与东侧城市道路站东街相连。在清河站东侧设有南北落客平台的连接通道，作为应急及从北至南出租车专用。

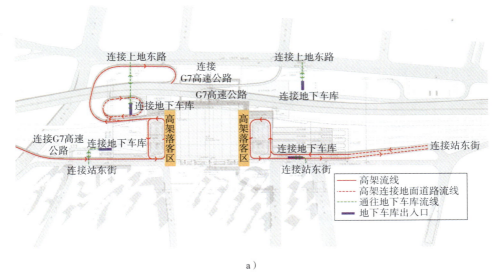

a）

图 3-44

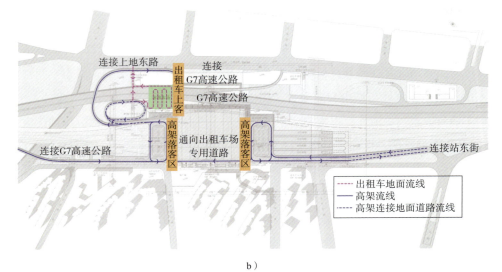

b)

图 3-44 清河站进出站流线

清河站周边道路除了满足道路交通功能外，还进行了站房相关功能设计：一是落客功能，对西侧上地东路进行扩宽处理，增加落客点；二是广场功能，将站房范围内东侧规划道路站东街道路局部调整为下沉广场，增加站前疏散广场功能；三是衔接功能，在清河站地下一层设南北地库，两个地库分别与东西两侧上地东路和站东街相连接，站房设计充分考虑与清河站配套地库车辆出入口的衔接功能；四是公交车及慢行系统功能，将清河站北侧地面道路规划为下穿铁路站场的公交及慢行系统专用道，以加强公交车及慢行系统东西两侧的联系。

这种"南进南出、北进北出，与既有高速公路直接相接，不到达城市地面道路"的设计方案，不仅有效提高了清河站远距离旅客到达及离开的出行效率，同时可有效减小清河站的建设对所在区域造成的交通压力。通过"南来南回、北来北往、互不交叉、便捷畅通"的立体流线组织，满足了"进出对应、分层驳接"的进出站换乘需求，实现了高架落客平台、地面出租车场、地下停车场的紧密联通，并提供了功能可调的临时蓄车场，在交通阻塞时发挥疏解作用。

2）清河站城市轨道交通国铁并场设计的创新理念

城市轨道交通 13 号线为运营中的线路，其清河段为高架线路；清河站北侧为西二旗站（地面站），南侧为上地站（地面站）。根据清河站客运需求，13 号线在清河加设车站，与规划城市轨道交通昌平南延及 19 号线一起服务于清河高铁及当地居民日常出行。

基于优先将关联度强的交通方式临近布置的原则，规划中首先将运营中的城市轨道交通 13 号线进行拨线改造，使其清河段原有高架线路并入铁路站场同层地面敷设，结合其他两条城市轨道交通线路地下设置所构成的线路空间立体布局的形式，将城市轨道交通 13 号线区间高架线路改造，东移落地与铁路站场并场设计，如图 3-45 所示。此方案有以下优点：

（1）土地集约化、最大利用化。将 13 号线原线路空间释放出来，与站房统筹规划，融合设计，提高土地利用率。

（2）大大缩短了3条城市轨道交通间、城市轨道交通与国铁间的换乘距离，实现了零换乘，提高了出行效率。改造后13号线轨道、站台与国铁站场并行设于地面层，规划城市轨道交通昌平南延、19支线轨道及站台设于站场下方的地下二层，中间地下一层设3条城市轨道交通的换乘厅、铁路进站厅及出站厅等空间，流线简洁、直接、高效，实现了功能空间零换乘，解决了13号线加设车站带来的换乘距离过长的问题。

（3）为实现国铁、城市轨道交通、市郊铁路安检互认创造了条件。此方案将3条城市轨道交通的换乘厅、国铁进站厅、铁路快速进站厅、市郊铁路进站厅及铁路出站厅设于同一层及一个大空间，做到各空间直接相邻或相对相邻，为国铁、城市轨道交通使用一套安检系统创造了条件。

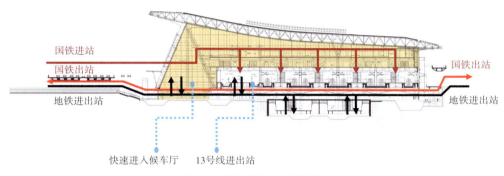

图3-45　清河站进出站剖面流线

目前国铁、城市轨道交通在功能需求、规范要求、审批流程等方面都有很大的差异，国铁城市轨道交通统一规划、并场设计面临复合功能与各自规范，尤其是防火规范的融合与碰撞。清河站在13号线站台与国铁站台空间采用"消防相对独立、视线相通"的设计策略。13号线轨道东侧与国铁轨道间采用2.5m高的透明硬隔离，在满足防护安全的前提下，保证了与国铁站场的视线相通。

城市轨道交通13号线与国铁站场并场设计实景，如图3-46所示。

图3-46　13号线与国铁站场并场实景

西侧与铁路站房进站厅等相关设施相邻，进站厅外墙采用了"防火墙+防火窗"的折板墙形式，站在13号线站台上，向西透过防火窗，可直接看到铁路进站厅内的景象，透过进站厅，甚至于能看到京新高速飞驰而过的车辆，往东可以看到东侧城市街景。整个站场实现了"空间一体化""视线相通化"，大大提高了铁路及城市轨道交通站台空间的舒适度。

城市轨道交通13号线站台向西望的视线景观，如图3-47所示。

图3-47　13号线站台向西望的视线景观

鉴于城市轨道交通13号线对居民日常出行的重要性，要求清河站实施时除了7d的拨线时间外，不能影响13号线的正常运营，为此，清河站采用了分步实施的策略。实施过程以不影响城市轨道交通13号线正常运营为原则。设计重点考虑地下结构实施、主站房上部结构，尤其是进入既有13号线的安全影响范围部分及13号线范围内车库出口通道等对城市轨道交通13号线安全运行评估。

清河站综合枢纽通过以东广场通廊为节点的城市周边功能分析，以可持续绿色发展为设计基调，以换乘流线合理性为考虑重点，着力于城市门户、多样接驳、展示利用等理念要素，最大限度满足市民使用需求。同时，注重城市通廊的打造，将高铁站内的城市通廊延伸至城市地界，引入周边清河站配套北枢纽一体化项目、东侧小米地块、三元地块等区域的大量客流，采用立体步行接驳系统，保障人行安全，释放城市道路交叉口车辆通行能力，方便公交枢纽和周边建筑与清河枢纽换乘连通。清河站的设计优化了周边城市环境，改善了周边交通条件，创造出便利，舒适，畅通的出行环境。

3）八达岭长城站流线组织与场地布局

新建八达岭长城站位于北京市延庆区八达岭景区滚天沟内，车站出入口距离北侧景区缆车站约300m，距离东南角登长城入口约800m。站址的合理选择使高铁旅客直接到达景区核心，极大地方便了旅客参观游览景色。目前，滚天沟作为八达岭长城风景区的公共停车场，未来规划为步行广场，不设机动车道，仅景区摆渡车从中经过。如图3-49所示，景区环保观光车及客运车采用单向循环路线，交通组织流畅，可有效减少交通冲突，提高狭小场地内的交通承载力。环保观光车上下客点满足了步行登长城、缆车登长城以及乘坐高铁等不同行为人群的需求。

如图3-48、图3-49所示，步行流线与车行流线最大化分离，实现了场地内安全有序的交通环境。站前广场增设东西方向交通连廊，提供多样的穿越广场路线。根据主要步行需求设置多平面、多路径的步行交通流线，最大限度避免游客和旅客、出广场和进广场等流线间的交叉干扰，提高广场集散疏解效率。沿道路铺设各类管线，改善景区环境，减少后期维护费用；有效利用地下空间，确保道路功能充分发挥。

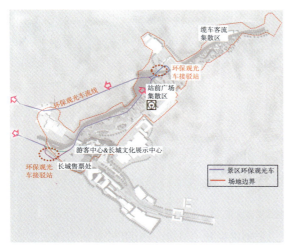

图3-48　基地内部环保观光车流线　　　　　图3-49　基地内部游客和旅客流线

4）张家口站交通流线整合

张家口站位于张家口市主城区南端，其南侧规划有新的经济技术开发区，建成后的张家口站枢纽片区成了连通城市南北的重要节点。

张家口站以南广场和北广场为主要城市交通出入口，南广场面对新建经济开发区，设高架落客平台，并在站房前方设有步行广场。北广场与站前西大街相邻，正对城市主干道世纪路。

站房南入口两侧规划设计公交站和长途客运站，站房北侧规划有城市轨道交通1号线、2号线站房，与铁路站房之间通过地面及地下流线换乘，共同构成综合交通枢纽。为了增强铁路站场南北两城区之间的交通联系，在站房地下设有城市步行通廊，以满足交通换乘需要并沟通城市南北。

站房北侧紧邻城市老城区，场地条件有限，主要设置人行广场及公交车场。站房南侧用地均为新征，限制少，面积大，故采用综合开发模式，设置多种交通、换乘、商业功能。地下平面布局为综合开发重点，以贯穿车站区域南北的城市通廊为轴线，设置枢纽地下换乘厅、出租车接站、社会车辆接客区及停车场、地下配套商业等多种功能，该轴线也是换乘北侧两处城市轨道交通线路，以及换乘公交、长途的核心通道，如图3-50所示。

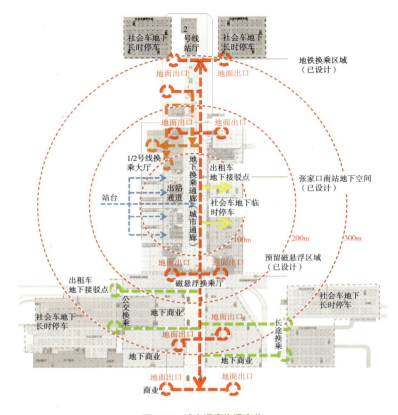

图 3-50 城市通廊沟通南北

枢纽片区车行组织如图 3-51、图 3-52 所示，北侧进站社会车辆、出租车由站前西大街自西向东并入北广场，并根据标识分区域落客停车后，按指定流线离开。南侧进站社会车辆及出租车通过高架送站匝道进站，南北交通可利用下穿铁路隧道互穿落客。南北两侧均设置社会车辆及出租车地下停车场出入口。

图 3-51 出租车流线组织

图 3-52　社会车辆流线组织

为适应北广场一定时期内较多的北侧客流，设置北广场公交站，保留原有 4 条途径及始发高铁站的公交线路，南广场设公交枢纽首末站，设计 8 条线路，形成"北4南8"的布设格局，如图 3-53 所示。公交蓄车场均距离上客点在 100m 范围内，保证公交车顺利由蓄车场进入上客站上客、准点发车。

图 3-53　公交车与客运车交通流线组织

5）太子城站交通流线整合

太子城站位于张家口市崇礼区太子城村，距张家口 50km、崇礼区 15km、2022 年冬奥会崇礼赛区奥运村 2km。该项目基地西侧为太子城高铁站，东侧为站前规划 1 号路，项目位置正对太子城国际冰雪小镇奥运颁奖广场，交通较为便利，位置极为优越。

站前区域通过规划 1 号路及 4 号路围绕冰雪小镇构成站前环形道路，用于集散枢纽片区车流和连接外部交通，如图 3-54 所示。规划 1 号路为双向四车道，为枢纽对外交通主要连接主干道。规划 4 号主干路及东西两条次干路（文创北路及文创南路）与规划 1 号路相接，为枢纽对外集散道路。站前片区形成"两主两次、两横两纵"的集散路网。从崇礼方向及延庆方向前往客运枢纽及高铁站的，到达太子城环岛后经规划 1 号路前往枢纽地面落客区。自枢纽出发的各类车辆从枢纽发车区经规划 1 号路或规划 4 号路离开。

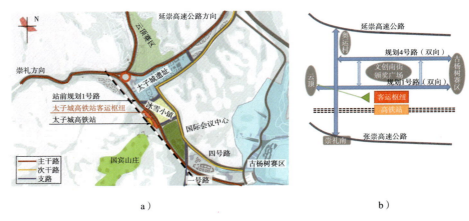

图 3-54 平时外部交通流线分析图

如图 3-55 所示，赛时站前 1 号路自北向南单向组织，主要承担从客运枢纽去向古杨树赛场的交通，站前 4 号路则自南向北单向组织，主要承担从客运枢纽去向云顶赛场的交通，部分观众也可以通过北侧的缆车前往云顶赛区。从崇礼方向及延庆方向前往客运枢纽的，在比赛期间乘坐专用摆渡大巴前往太子城赛区的观众及执证注册人员，以及赛后前往高铁站的各类车辆，均在到达太子城环岛后经规划 1 号路前往枢纽落客区，出发的各类车辆从枢纽发车区向南离开。

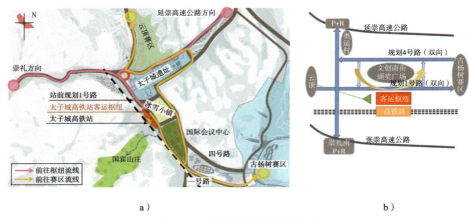

图 3-55 赛时外部交通流线分析图

如图 3-56 所示，站房前为站前广场，屋顶中部为枢纽地面广场，通过跨一号路平台（连桥）将太子城站前广场与颁奖广场相连接，地下设置地下通廊和颁奖广场相连通。枢纽东西两侧分别设置铁路自营停车场和枢纽室外停车场，枢纽沿 1 号路设置小型车和大巴车上落客区，在枢纽内部设置公交首末站、游客集散中心、出租车上落客区、汽车租赁、社会车辆地下停车场及室外停车场。换乘流线分析如图 3-57 所示。

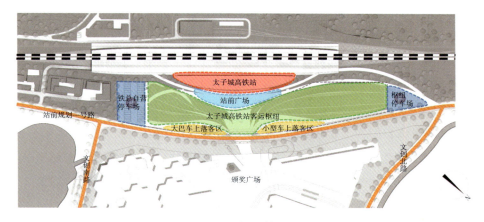

图 3-56　广场总体布置

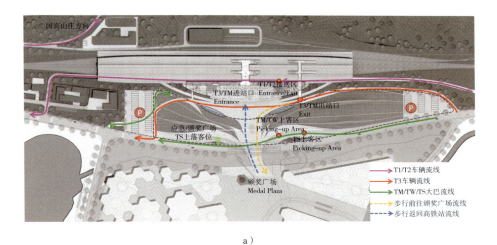

a）

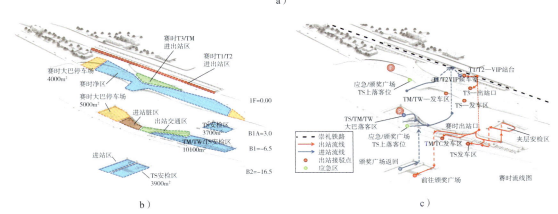

b）　　　　　　　　　　　　　　　c）

图 3-57　换乘流线分析图

6）延庆综合交通服务中心（延庆站）与周边交通衔接的布局定位

延庆站位于北京市延庆区主城区南侧，妫水南街西侧、圣百街南侧，毗邻既有延庆火车站，距北京市区约75km，距小海坨赛区约30km，是连接延庆区与北京市区的重要交通枢纽。

为便于使用及管理，维护车站良好秩序以保障旅客及车辆安全，该项目设置站前广场及其他接驳设施。其中，公交场站规划公交线路9条，公交车周转车位36个；社会公共停车场、P+R停车场小汽车停车位500个；出租车周转停车位50个；自行车位1500个。

结合项目基地实际情况和功能分区，将站房布置在场地中部，毗邻铁路站台布置，同时兼顾主体建筑与规划百隆路的对景关系。旅客主入口位于建筑北立面，旅客进站口位于建筑南立面并与站台相接。站房北侧设置站房平台，以联系建筑各个部位、方便旅客办理各项旅行手续，站房平台北接站前人行广场。考虑到城市交通接驳应优先公共交通，将公交场站和出租车上、落客区紧邻人行广场布置，最大化节省与铁路之间的换乘流线，实现旅客快速便捷换乘。社会公共停车场和P+R停车场分布在用地西、东两侧，自行车停车场紧邻圣百街分散布置。总体布置如图3-58所示。主要客流均通过车场及站前广场经由站房平台进入候车大厅，整个规划设计围绕站房和站前广场统一设计，形成功能完善、交通便捷、配套齐全、形象突出的综合交通枢纽。

图3-58 广场总体布置图

考虑到东侧妫水南街为交通繁忙的城市主干道，西侧百莲路为下穿铁路的城市次干道，均不宜设置车辆出入口，将场地内所有车辆出入口均设置于北侧圣百街，并尽量减少开口数量。于圣百街东西两侧各设一车辆出入口，车辆流线组织整体遵循"右进右出"的原则。公交车由圣百街右转进入场地，落客、上客后由圣百街出场地，内部循环顺畅，如图3-59所示。出租车由圣百街右转进入场地，落客、上客后由圣百街驶出，如图3-60所示。公交车与出租车车流无交叉，内部循环顺畅。

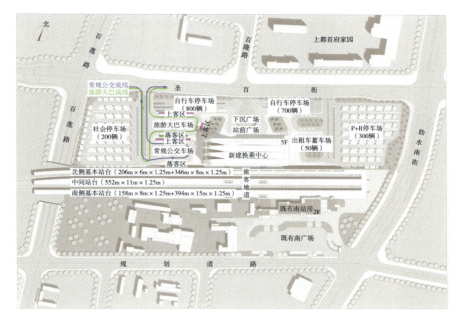

图 3-59　公交车流线示意图

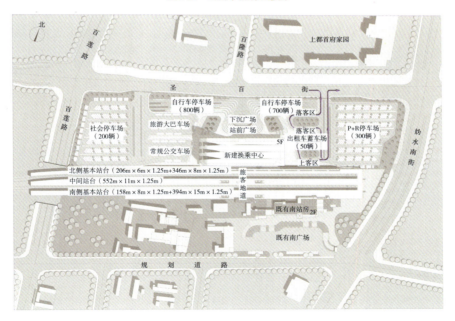

图 3-60　出租车流线示意图

社会停车场小型汽车、P+R 停车场小型汽车由圣百街右转进入场地，由圣百街离开场地，如图 3-61、图 3-62 所示。

7）其他中小站交通流线整合——以下花园北站为例

下花园区位于河北省西北部，张家口市东南部 25km 处，境内"山、丘、川、滩"四大地貌共存。鸡鸣山、玉带山、燕洞山三山鼎立，遥相呼应。戴家营河、洋河、东河三河并流，汇入永定河。下花园北站位于主城区北侧偏东，京张高铁线南侧，从车站向南看去鸡鸣山景观一览无余。

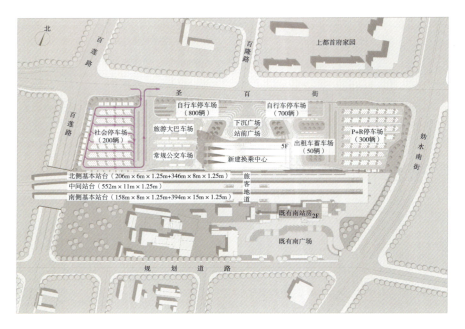

图 3-61　社会车辆流线示意图

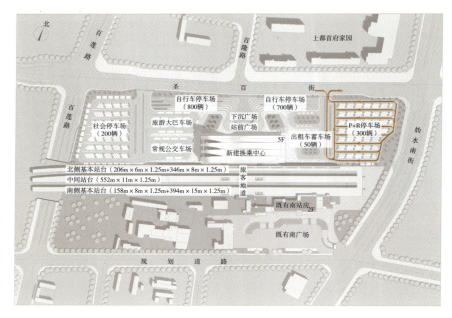

图 3-62　P+R 车辆流线示意图

为避免站区交通对 101 国道造成影响，要增设站前横路。站前道路部分为单向行驶道路，自东向西行驶，站前广场为东进西出，如图 3-63 所示。

为达到集约用地目的，整合公交、长途停车场，设置综合汽车客运站，通过风雨廊联系铁路站房。基地内设置出租车、社会车地下停车场，靠近站房进出站口处设置竖向交通，如图 3-64 所示。

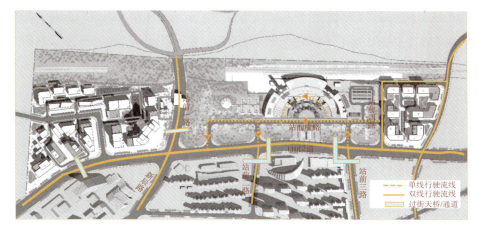

图 3-63　外部交通流线分析

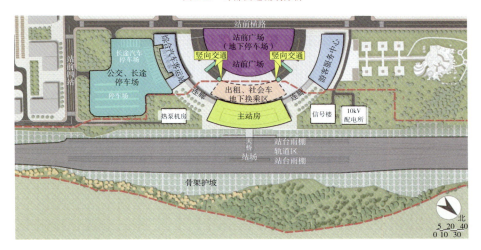

图 3-64　总平面布局

私家车主要通过新辰路、站前二路、站前三路汇至 110 国道，由站前三路、站前四路进入站前横路，完成单向接驳流线，并连接高铁站地下停车场，如图 3-65 所示。主要有私家车等社会车辆进站接送服务用车。

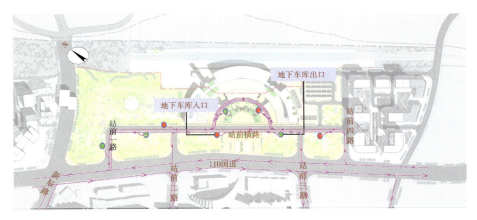

图 3-65　私家车交通流线

出租车流线同私家车流线，主要通过城市道路汇至站前横路，由站前四路、站前横路进入高铁东站，经高铁东站地下一层完成落客接客后，由站前横路至站前一路、站前二路进入110国道和城市路网完成单向接驳流线，如图3-66所示。

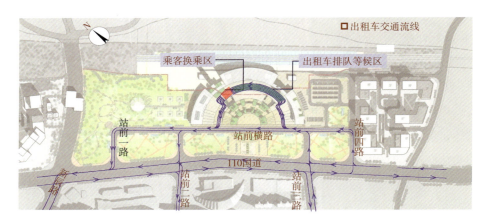

图3-66　出租车交通流线

长途大巴和城际公交主要通过高速出入口、新辰路、110国道以及站前四路至完成接驳循环，并连接汽车客运站地下停车场，如图3-67所示。主要车辆有区域中长途大巴、北京城际公交等。

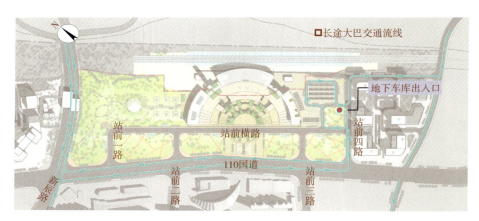

图3-67　长途大巴交通流线

公交车主要通过新辰路、110国道、站前四路以及站前横街进入公交场站及公交停靠站完成接驳。自北京城区方向汇入110国道，经站前四路进入汽车客运站，落客载客后，经规划二路重新返回北京城区，如图3-68所示。主要车辆有北京市内电动公交车以及市郊公交车等。

旅客进出站经由环形站前平台，可连通综合汽车客运站、游客服务中心，通过竖向交通设施可通往出租、社会车地下换乘区。旅客换乘流线分析如图3-69所示，各种交通方式之间换乘流线便捷，距离短，符合现代交通建筑"人性化"换乘理念。

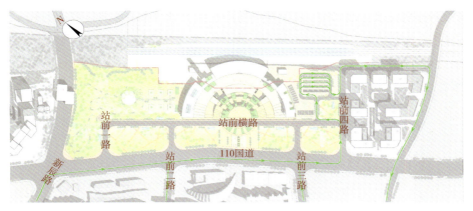

图 3-68　市内公交车辆流线

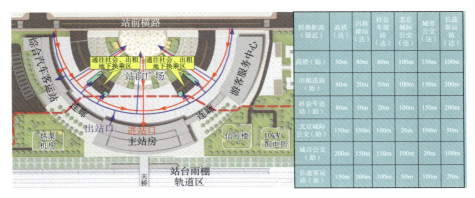

转换距离（最近）	高铁（达）	出租接站（达）	社会车接站（达）	北京城际公交（达）	城市公交（达）	长途客运站（达）
高铁（始）		50m	80m	80m	100m	150m	100m
出租送站（始）	80m		20m	50m	100m	150m	200m
社会车送站（始）	80m		50m	50m	100m	150m	200m
北京城际公交（始）	150m	100m	100m		20m		50m
城市公交（始）	200m	150m	150m	100m		20m	100m
长途客运站（始）	150m	100m	50m	100m		20m	

图 3-69　旅客换乘流线分析图

3.3.2　站区房屋整合

"畅通融合""绿色温馨""经济艺术""智能便捷"已成为新时代铁路客站的重要工作目标。京张铁路开启了中国铁路建设的新时代，践行了铁路建设的设计新理念。基于新时代的新要求，对站区生产生活房屋整合优化进行分析研究尤为重要。京张高铁站房优化设计坚持"以人为本、服务运输、创新引领、精细化设计、高质量可持续发展"的原则。

1）清河站区生产生活房屋整合

清河站位于北五环以北海淀区清河镇，小营西路与西二旗大街之间，距北京北站 11km，承担京张城际的旅客列车及北部地区市郊旅客列车的始发终到作业，以缓解既有北京北站交通拥挤的现状。

清河站处于北京市主城区内，工程用地紧张且站区房屋规模较大，设计考虑大量线下空间开发以及线路上盖停车场，并将站区房屋集成设计。综合附属楼 A、综合附属楼 B、信号楼、铁路变配电所、行包库等建筑与站房在色彩与风格上与主站房协调统一。

如图 3-70 所示，整个站区集约设置，有效利用狭长空间。中部为主站房，站房西南侧设有综合附属楼 A，西北侧设有综合附属用房 B。站房东侧沿街设有铁路总变配电所（Ⅰ号所）、行包库及信号楼等生产生活用房。原清河站站房在新建清河站工程期间暂移至东南角绿地存放，工程完工后移至铁路红线内。

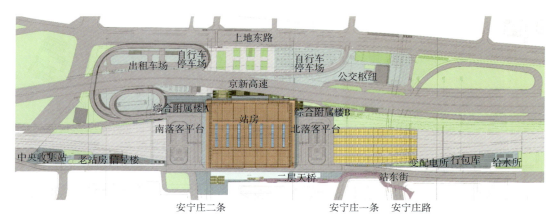

图 3-70　清河站总平面图

受限于周边局促的用地和限制性的空间，清河站将站区生产生活房屋与站房主体一体化设计，以达到建筑风格统一、房屋集约布置、节约土地的目的。站区一体化设计主要体现为站区房屋功能整合，减少建筑数量，释放土地资源用于绿化等公共环境空间；站区房屋与站房立面在颜色、材料、元素上做到协调统一，与环境相融合。

清河站区生产生活房屋，位于清河站四周，如图 3-71 所示。西南侧为综合附属楼 A（公安用房、客运管理用房及 VIP，建筑面积 5330m²，建筑高度 17.45m）；西北侧为综合附属楼 B（办公及食堂，建筑面积 3418m²，共 3 层，局部 4 层，建筑高度 17.45m）；东北侧为 10kV 变配电所（共两层，建筑面积 480m²，建筑高度 12.4m），行包库（总建筑面积 1410m²，地下一层，地上一层，建筑高度 6m）及给水所（地上一层，总建筑面积 200.87m²，建筑高度 6m）；东南侧为中央收集站（总建筑面积 1099m²。地上一层，建筑高度 10.3m）、老站房及信号楼（总建筑面积 1732m²，共 3 层，建筑高度 13.5m）。

2）怀来站区生产生活房屋整合

怀来站位于怀来主县城东南侧，距离怀来县主城区东侧偏南 3.5km 处。车站东侧规划为二类工业用地，西侧为社会停车场用地，北侧为居住及商业用地。建成后的怀来站将成为怀来县重要的交通枢纽。

站区生产生活房屋主要由设备房屋及办公、宿舍房屋组成（具体为 10kV 配电所、给水所、热泵机房、车站单身宿舍、信号楼、公安派出所），整合优化前房屋分专业设置独立院落，沿站房左右侧一字展开布置，占地较大，立面轮廓线较单一，且电力 10kV 配电所、信号楼、公安派出所主体施工已完成，如图 3-72 所示。结合 "一站一景" 的设计原则，对给水所、热泵机房、车站单身宿舍进行整合优化，建筑风格、总平面布置及配套设施等方面进行了一体化并栋设计。给水所及热泵机房单体平面东西向垂直铁路方向布置，整合后利用设备用房柱网布置不同采用局部凸凹进退处理，削弱整合后总平面尺寸较长的影响，总图、立面与已经主体施工完成的10kV配电所更好地结合统一。平面上车站单身宿舍及设备用房分别设置单独出入口，互不干扰，单身宿舍的餐厅、食堂、活动室与变电所相邻，降低了对宿舍区域的影响。室外热泵机组设备区放置远离宿舍，并进行绿化处理，进一步削弱室外设备区噪声影响。结合铁路用地红线做通透式围栏，整合优化后建筑不再设置实体围墙，最大限度地利用土地，整合优化。

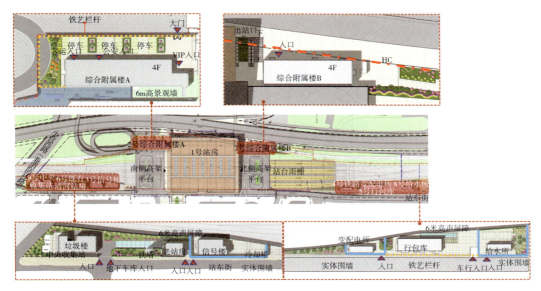

图 3-71 清河站生产生活房屋

图 3-72 怀来站生产生活房屋总平面布局

3）张家口站区生产生活房屋整合

如图 3-73 所示，张家口站采用高架式车站，站位及车场均为利旧；铁路生产生活房屋、市政交通建筑、落客及换乘场地紧密围绕站房排布，有序布局组织。站区房屋紧密布局，在保证自身的封闭性、便利性的前提下，兼顾整个片区布局的合理性，站房、站区房屋、市政房屋穿插在一起布局，最大程度地满足旅客乘降的便捷性、节约用地。

整个站区生产生活房屋规模可达 0.82 万 m^2，位于张家口站南站房的东西两侧，东侧为信号楼（局部3层）、通信信号工区（2层）、乘务员公寓，西侧为10kV配电所（3层）、公安派出所（1200m^2），如图 3-74、图 3-75 所示。东侧房屋外围墙沿着规划磁悬浮公交桥下一字展开，整齐划一。西侧房屋沿着站台端部整齐布置，外墙面齐平。

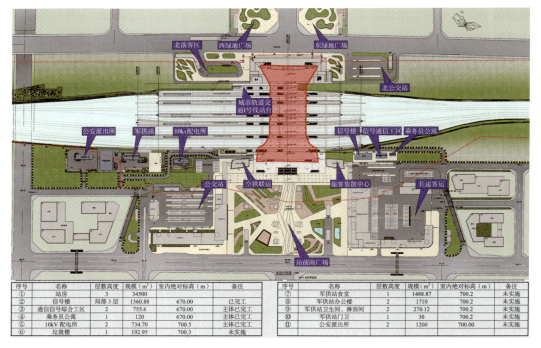

图 3-73 张家口站总平面图

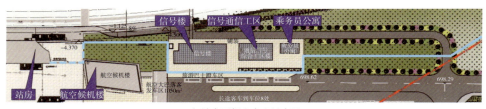

a）站房西侧生产生活房屋

b）效果图展示

图 3-74 站房西侧生产生活房屋布局

a）站房东侧生产生活房屋

图 3-75

b）效果图展示

图 3-75　站房东侧生产生活房屋布局

4）太子城站区生产生活房屋整合

太子城站整个站区主要布置有 12000m² 太子城站站房、综合交通枢纽、铁路自营停车场及生产生活用房，站区周边分布有冰雪小镇、颁奖及会展中心，如图 3-76 所示。

序号	名称	层数高度	规模(m²)	室内绝对标高(m)	备注	序号	名称	层数高度	规模(m²)	室内绝对标高(m)	备注
①	站房	2	12000	1582.98	混凝土框架已完成	⑦	信号楼	2	705.18	1585.2	基础已完工
②	轨道车库	1	1360.88	1590.92	未实施	⑧	站区热泵机房	1	464.75	1586.5	未实施
③	工区热泵机房	1	338.18	1593.7	未实施	⑨	车站单身宿舍	2	651.37	1586.5	未实施
④	维修车间宿舍		2274.64	1594.7	未实施	⑩	AT分区所	1	590.18	1589.05	基础已完工
⑤	维修车间办公楼	2	1275.72	1595.1	未实施	⑪	10kV变电所	3	724.68	1588.9	基础已完工
⑥	派出所	2	850	1585.2	未实施	⑫	给水所	1	184.16	1587.6	未实施

图 3-76　太子城站总平面布局

太子城站生产生活房屋分为站区房屋及工区房屋，站区房屋主要为 10kV 配电所、AT 分区所、给水所、车站单身宿舍、站区热泵机房、信号楼、公安派出所，线路对侧为综合维修工区。

（1）整合优化前站区房屋沿站房左右侧一字排开，采用铁路房屋传统布置形式，总图布置横竖不一，设备房屋院落占地面积较大，且没有考虑对面 1 号道路造成的影响，1 号道路是奥运期间旅客拍照游览的慢车道，连接整个场地的主要市政道路。

（2）站区房屋根据不同功能梳理后对总图重新布置，单体建筑平面在满足生产及运营方面要求的前提下，由原来的"一"字形布置变成"L"形、局部"L"形、"T"形围合，形成半围合、围合空间。同时总图整合优化后顺应 1 号路走向，通过绿化缓冲带削弱对 1 号路的影响。整合优化后的总图顺应原始场坪高程，院落由西到东采用阶梯式台地处理，减少土方，提升空间品质。

（3）AT分区所室外高压设备整合至地下电缆夹层，使AT分区所占地大大减少的同时，景观性得到提升。考虑到站区房屋大多为一层建筑，立面轮廓线较为单一，将车站单身宿舍在建筑面积无变化情况下为由一层优化为局部两层，与站区热泵机房形成半围合空间，建筑空间效果更为丰富。综合维修工区处于车站站场北侧，为整个场地空间的高点，工区内有4处较零散的单体建筑，工区宿舍为4层建筑，通过降低工区宿舍地坪高度，一层结合办公楼设置宿舍、门卫与办公楼合并，减少对整个车站景观的影响，工区入口处的车间办公楼与热泵机房之间通过折板屋面延续处理形成较为统一的整体。

（4）站区房屋南侧为冰雪小镇奥运颁奖广场，站区房屋立面汲取其立面元素和颜色后采用折板油毡瓦屋面，暖色调真石漆外墙，深色外挑檐口，局部辅以木色百叶，站区房屋立面相对统一，同时又突出站房主体，与站房形成"众星捧月"的整体形象，如图3-77所示。

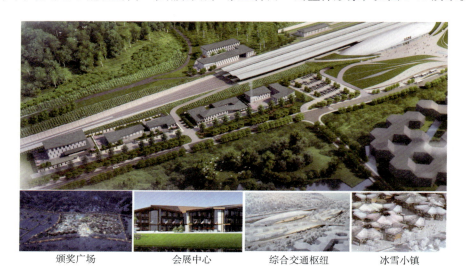

图3-77　太子城站生产生活房屋效果图

3.3.3　绿化景观整合

高铁站区是一张文明城市向外界展示的"名片"，不同于城市的公园、广场、道路景观，高铁站区具有独特的地域性、疏导交通功能和提供休闲娱乐空间的综合性作用。

（1）高铁站区绿化景观有着对外展示"名片"的作用。京张高铁各站的站区绿化景观应充分利用铁路、城市、历史文化遗产，提取生态人文元素，反映出城市历史文化与时代气息，强调创造有区域文化特色的铁路景观。

（2）合理的绿化景观设计能够改善站区的"小气候"。高铁站区的硬面铺装占有大部分的地面面积，在有限的空间内布置绿化可以有效减少阳光直射和热辐射，给乘客候车、通行和休闲娱乐提供安全、舒适的空间环境。

（3）利用绿化来分隔场地可以有效疏导交通功能。从空间尺度、色彩肌理、细部细节等方面，对站区绿化景观进行优化设计，有效组织交通、柔化空间，又避免硬隔离给人带来的压抑感，构建功能完善、高效便捷、舒适艺术的旅客乘降空间。

1）清河站绿化景观整合

清河站作为京张铁路的第二站，2022年冬奥会的始发站，北京北部新的综合交通枢纽，站区在以交通功能为主的同时，也需考虑休闲、娱乐功能，具备城市广场的职能。

将生态、人文、历史融入景观设计，将绿化景观因地制宜布置在车站各处空间，将车站融入城市、强化旅客感官体验的一体化设计，是清河站景观设计的特色和亮点，同时也是站城融合、集约发展、信息共享的有力抓手。

车站站区景观是铁路车站与城市空间的重要接口。清河站景观一体化设计将绿化景观、站房空间、城市广场进行统筹考虑，从景观功能和旅客空间记忆点出发，进行站区综合附属楼的VIP庭院设计和隔离墙垂直绿化设计，净化局部环境氛围，引导旅客视线；结合京张老站房区域的人文小品进行绿化设计，以追忆京张文化，烘托老站房历史文化背景；在东西广场结合台阶坡道设计景观座椅及花池小品，并在东广场预留未来科技主题的展示展览空间，丰富旅客与车站的互动空间，增强环境趣味性。此外，还在旅客视线可及的站区围墙上，系统地展现京张文化和奥运文化主题。

清河站的站区景观绿化主要分3个部分，如图3-78所示。

图3-78 清河站景观绿化方案

（1）沿线桃花带：主要植被有山桃、樟子松与迎春。

（2）停车绿化区：主要植被有山桃、油松与金叶榆。

（3）台阶景观径：主要植被有大叶黄杨、小叶黄杨与金边黄杨。

绿化景观设计注重室内旅客观景视线，将西广场台阶绿化、附属楼垂直绿化以及老站房重点展示区域景观相结合，凸显京张人文背景，丰富旅客与车站的互动空间。

树底穿梭画中行,金叉沽酒醉余春。鞭丝车影匆匆去,十里樱花十里尘。创造有城市文化特色的铁路景观,强调文化性,充分利用城市、铁路历史个性和文化遗产。种植整齐的有色树种,让铁路穿越时出现色彩的变幻。

2)八达岭长城站绿化景观整合

八达岭长城站位于京郊八达岭风景区,是明长城最具代表性的区段,山脉连绵起伏,风景秀丽。通过绿化景观设计,打造一处集交通集散、休憩游览、文化休闲于一体的独具特色的休闲广场,为京张高铁与八达岭景区的完美融合创造一个新的景观亮点。

八达岭长城站注重世界文化遗产保护,强调地域和谐,力求将现代设计手法与传统文化相结合。摒弃对传统的模仿,从精神上表达出对历史文化的尊重与再现,减少生态干扰。

为适应八达岭夏季高温多雨、冬季寒冷干燥的气候,绿化植物应以耐旱、耐热、耐寒、耐强光照射、抗强风和少病虫害的植物为主要选择对象,而且同时具备绿化植物应有的观赏性和生态调节能力。八达岭长城站绿化景观设计如图3-79所示,站房屋顶采用种植袋生态屋面,推荐植物有紫丁香、金银木、连翘、红瑞木、沙地柏等;垂直挡墙配置了爬墙植物,推荐植物有地锦、大花铁线莲、金银忍冬、牵牛花等。

a)总体布局

b)生态屋面植物配置

图 3-79

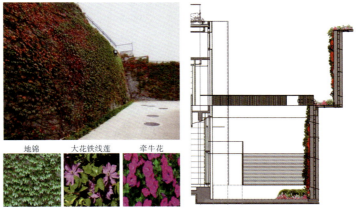

c）垂直挡墙植物配置

图 3-79　八达岭长城站景观设计

"岭上霜重红叶浓，千山万壑落云虹。雄关不再闻金鼓，铁岭穿梭卧巨龙。"强调地域和谐，摒弃对传统的模仿，从精神上表达出对历史文化的尊重与再现，减少生态干扰。

3）张家口站绿化景观整合

张家口站位于张家口市新旧城区的交界处，是城市未来的主要门户之一，既是旅客来到城市的第一站，也是旅客临时停靠的港湾。站前广场在城市中承担着交通枢纽、城市广场及城市节点等功能。

张家口站从总平面入手，根据不同功能将广场划分为"动""静"两个部分，"核心区域""休闲区域""交通区域"等多个层次，并根据人流走向划分其形状，中部为其核心区域。核心区域为地下商业出入口及下沉式广场，外围大面积栽植绿化植物，是相对安静的区域，为旅客交流游憩提供场所。广场的主要道路直通火车站候车室入口，形成一条主轴线。

站区的绿化景观设计遵循以下几个原则：

（1）秩序与活力并重，塑造站前广场。

（2）植物配置多样化，实现四季常青。

（3）采用节蓄水措施，体现海绵城市。

张家口站在广场进一步打造文化主题园，广场景观结合京张文化进行设计，通过雕刻、玻璃、灯光以及局部铁路轨道景观小品，引人体验百年京张铁路发展史。站区景观绿化由国槐、玉兰、山梨、银杏、山杏、栾树、樟子松、油松等构成沿路景观，从远处看去，高低错落，颜色丰富，如图 3-80 所示。

"槐树参天傲碧空，枝繁叶茂庇群生。今朝车行浓荫下，共叙乡思颂太平。"依托晋、京、冀文化交汇地域特点，布置本土特征树种，建立绿网交织、多元和章的景观风貌，体现塞北多民族汇聚的地域文化特征。

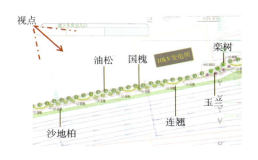

a）总体布局

b）节点效果图

图 3-80　张家口站绿化景观设计

4）太子城站绿化景观整合

崇礼支线太子城站位于张家口市崇礼区太子城村，崇礼赛区是 2022 年冬奥会的主赛场。基地自然景观条件非常优越，四面环山，三水交汇，冰雪文化是当地的特色文化。

太子城站突破传统铁路景观的单一模式，依托崇礼自然丘陵地势，以大量密植的林木整齐排列，增大常绿树种比例，确保冬季景观观赏效果。为确保太子城站边坡绿化达到预期效果，满足 2022 年冬奥会颁奖广场的视觉需求，推荐植物包括白桦、山桃、五角枫、樟子松、雪松、油松、白皮松、云杉、侧柏等，如图 3-81 所示。选取白桦为基调树种，配以山桃、五角枫及常绿树种，营造特色冬季雪景。站前广场种植白桦、樟子松、云杉、蒙古栎、金叶榆、山桃、丁香、连翘、榆叶梅等。

考虑到生态护坡的需求，边坡推荐植物沙地柏（选取陕西榆林苗，生于海拔 1100～2800m 地带），因沙地柏长势旺，能产生多发性侧枝，形成斜生丛状树形，在短期内形成整齐无缺的绿篱，枝叶密、不落叶。同时其耐寒、耐旱、耐瘠薄、扦插宜活，栽培管理简单。不足之处是冬季颜色灰暗。

"亭亭白桦雪中立，雪绣花边齐绽放。金辉朝霞染枝头，山间驻车忆年华。"依托崇礼自然丘陵地势，增大常绿树种比例，确保冬季景观观赏效果。

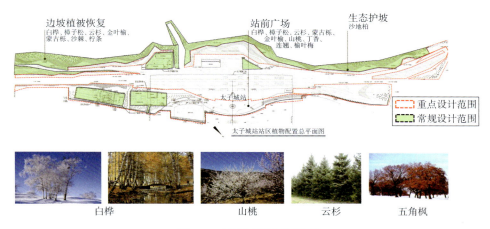

图 3-81 太子城站绿化景观设计

5）其他小站绿化景观整合——以下花园北站为例

其他中、小型客站也进行了绿化景观设计，以改善车站周边环境，提升乘客使用舒适度。以下花园北站为例介绍。

下花园北站广场景观源于下花园传统元素的唤醒、解析与重塑，在标准功能体中，融入台阶眺望花园、游廊花园、休憩花园等系列游动的景观与观景行为。考虑到广场地下的承重要求，减少了高大乔木数量，采取多种较低矮的花灌木、地被、草花组合，形成多方向围合互动的视线通廊空间。

下花园北站场绿化景观设计以构建形成绿色透明的弹性空间，建立生态保护结构为目的，沿铁路东西走向形成了地块南北面交流的廊道空间，与周围环境相连接，融为一个整体。

边坡的做法有两种：站场路基边坡高 $h < 3m$ 时，边坡采用空心砖内客土植草间种灌木防护；边坡高 $h \geqslant 3m$ 时，采用 C25 混凝土截水骨架内铺空心砖客土植草间种灌木防护，种草以撒草籽为主，种植的灌木以紫穗槐为主。路堑侧沟平台及边坡平台及挡土墙墙顶设置绿化槽，绿化槽内栽种沙地柏。

站台雨棚与边坡绿化通透的景观延续呼应，弱化铁路生态切割负面影响，建设一条绿色透明的弹性空间。

一般地，站内路基边坡与区间路基边坡设计一致，其他区域采用小灌木和铺植草皮的方式，如图 3-82 所示。

重点设计部分则采用常绿乔木为背景，并在边缘种植部分常绿灌木，来保证冬季景观可看性。考虑到重点区域多分布铁轨两侧，而列车在运行途中有一定的速度，在景观设计上要追求大的植物斑块和色彩，增加该区景观的节奏感以吸引乘客的注意力，所以在铁路的两边设计大色块列植的植被形式，如图 3-83 所示。

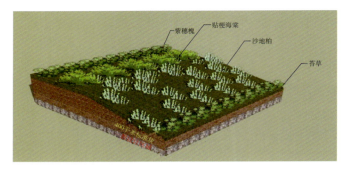

图 3-82　一般设计

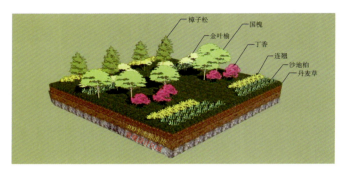

图 3-83　重点设计

3.3.4　站房立面设计

如图 3-84 所示，京张高铁站房立面设计主要体现出两个显著的特点：一是设计充分考虑了车站的城市环境和自然景观环境，通过对建筑形体、建筑材质以及建筑材料色彩的设计与利用，使车站与周边环境共融共生；二是设计充分融入了历史文化元素与奥运元素，既展现了每个城市的不同文化和风貌，又结合了奥运冰雪文化，使站房的立面造型各具特色。

1）清河站站房立面造型设计

清河站位于首都北京，且同时作为冬奥会的始发车站，因此其立面造型设计主要从历史文化和冬奥文化两方面进行考虑，使车站造型在展现北京古都风采的同时，又能融入奥运元素。

从历史文化方面考虑，清河站站房造型选取了简洁的坡顶样式（图 3-85），呼应了我国传统建筑的屋顶形式，体现出对北京古都文化的尊重。坡顶为东西向走势，坡顶向西山方向开放，能够将西山美景尽收眼底。同时，车站内的各个功能空间均在大屋顶的覆盖之下，也呼应了海淀区"海纳百川"的精神内涵。

从奥运文化方面考虑，清河站外部造型强调了"动感雪道，玉带清河"的设计立意。在站房立面和屋面的设计上，选取冰清玉洁的亮白色作为主色调，让整个站房的设计既如蜿蜒玉带般的清河水，又似激情动感的高山雪道，充分体现了冬奥文化，如图 3-86 所示。

清河站东侧为现状建筑，为了减少清河站对现状建筑的压抑及影响，东侧屋顶高度尽量压低。而西侧因为受 G7 高速公路的影响，为创造站房的良好形象及舒适的室内空间，故将西侧屋面作抬高处理，最终形成了西高东低的独特站房造型。

a）清河站

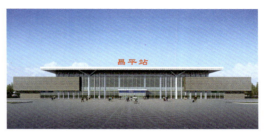

b）昌平站

c）八达岭长城站

d）东花园北站

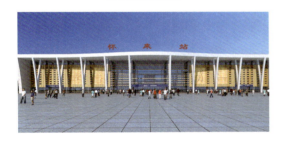

e）怀来站

f）下花园北站

g）宣化北站

h）张家口站

i）太子城站

j）延庆站

图 3-84　京张高铁客站站房立面造型

| 德胜门 | 十三陵 | 神武门 | 太和殿 | 颐和园 | 紫禁城 |

a）传统建筑坡屋顶

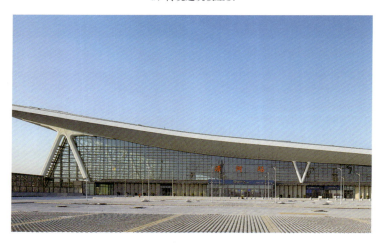

b）清河站坡屋顶

图 3-85　清河站站房坡屋顶造型设计

图 3-86　清河站站房外部造型和色彩设计

此外，清河站站房结构体系还创新性地采用了以拉弯为主的"倒拱悬链曲线"形态的主桁架，该桁架的曲线形态是使用模拟屋面荷载计算后，形成使受力更为均匀合理的垂链曲线。该结构体系巧妙地将最有表现力的 A 形柱廊设置在车站西向主立面，同时也为站厅与候车厅空间提供了自由的无柱空间。

2）昌平站站房立面造型设计

昌平站站房立面造型设计采用交通建筑特有的现代设计手法，建筑造型围绕"古韵雄关，盛世太平"理念进行设计，如图 3-87、图 3-88 所示。方案中多处运用了中国传统建筑语言，宽大的挑檐为建筑增添了庄重宏伟的气氛，横线条的砖墙肌理与屋檐相呼应，辅以柱子与斗拱的现代演绎，形成质朴、大气的建筑外观。将中国传统建筑语言以现代形式进行转译，展示昌平深厚的文化底蕴和时代面貌。

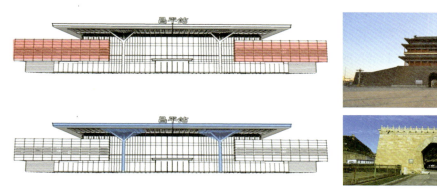

a）立面造型　　　　　　　　　　　　b）古韵雄关理念

图 3-87　昌平站站房立面造型设计理念

图 3-88　昌平站站房立面造型设计

（1）建筑形体紧扣"古韵雄关"，应用严谨的对称式构图，以独具魅力的传统屋顶和砖墙为基调进行抽象演化，塑造城市之门的国际化形象。其中，立面辅以砖墙表皮，展现"古韵"；

建筑以现代手法演绎传统屋顶和柱子，突出"雄关"。

（2）建筑形体隐隐与汉字中的"平"字相吻合，取"盛世太平"之意。展现了汉字之美和中国传统的"中庸之道"，追求中正、平和、安定的天人合一境界，传达昌平于盛世之中和谐发展的美好愿景。

3）八达岭长城站站房立面造型设计

新建八达岭长城站的文化主题是"丰碑"，这是考虑到长城在中华文明中的代表性，长城的修建跨越春秋战国至清代，早已成为中华民族勤劳、智慧、百折不挠、众志成城、坚不可摧的民族精神和民族象征。因此，八达岭长城站立面造型设计主要体现在景观保护和尊重地域环境与历史文化方面。

在景观保护方面，八达岭长城站统筹考虑站房设计与自然环境的协调统一，设计中注重"建筑的消隐"，站房功能尽量布置在地下，同时将地面部分分解为3个体块，并进行错落堆砌，既适当地显示出交通建筑的标志性和现代特征，又避免了对历史人文和自然景观造成影响，同时也呼应了错落有致的长城风貌，如图3-89、图3-90所示。

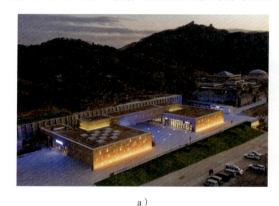
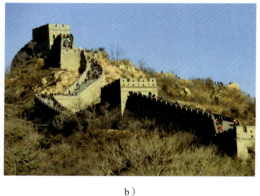

a） b）

图3-89　八达岭长城站鸟瞰图

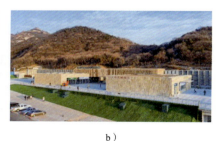

a） b）

图3-90　八达岭长城站建筑与环境融为一体

在尊重地域环境与历史文化方面，八达岭长城站在建筑外围护材料的选用上，提炼了"长城"与"绿色"两种环境语言，站房墙面采用了米黄色的石材和陶棍两种天然环保的建筑材料，与景区环境相契合，如图3-91所示。同时为体现八达岭长城的历史厚重感，设计摒弃了干挂花岗岩的饰面手法，直接采用肌理粗糙的天然石材进行砌筑，作为进出站功能单元的外围护墙，与八达岭长城形成文化映射，如图3-92所示。此外，站房屋面统一采用绿化屋面，草种来自景区常见植被，与山体自然环境共枯荣，如图3-93所示。

图3-91 八达岭长城站站房建筑外围护材料

图3-92 八达岭长城站站房石材砌筑外墙

图3-93 八达岭长城站站房屋面绿化

4）东花园北站站房立面造型设计

东花园镇位于官厅湖南岸、长城脚下，与北京市延庆区交界，作为张家口直面北京的门户城镇，力图打造新兴高科技产业中心，因此东花园北站立面设计也主要从新型科技方面考虑。

东花园北站建筑整体设计延展舒缓，线条运用简洁明快，建筑外立面整体造型紧凑协调。如图3-94所示，立面窗大量应用几何形体，由中心向两端逐渐过渡，给人以整齐的韵律与节奏。同时，为避免整体过于呆板，立面造型辅助以平滑曲线，使整体风格灵动、流畅。而站房外立面最大的亮点则是6根以花瓣造型为创意的柱子，雄壮有力，柱子上装饰的铁艺花格使柱子在满足支撑作用的同时，又不失艺术张力，给人视觉上的享受。同时，花形柱廊也为旅客营造了舒适的城市与交通衔接空间，表达了东花园镇的含苞待放之势，促进新型产业之花开向世界。花形柱体采用钢骨架铝板表皮设计，设置节能灯光，创造富有魅力的独特城市夜景风光，站房两侧通过渐变规则的菱形开窗满足了功能要求，虚实与线条的有机组合对比，充满了新型科技的节奏美感。

图 3-94 东花园北站站房立面造型设计

此外，为表现东花园海棠花和葡萄的生态文化特征，在架空层中轴线位置还设计了砖雕文化墙，如同京、冀地区建筑文化中的照壁，体现出中国传统建筑的对景理念和本土文化特征。

5）怀来站站房立面造型设计

怀来素以美酒享誉世界，因而怀来站站房立面造型以"葡萄美酒夜光杯""一水，三城，四张名片"为设计理念。

如图 3-95、图 3-96 所示，站房整体设计延展、舒适，线条运用简洁明快。站房前的酒杯形柱廊为旅客营造了舒适的城市与交通衔接空间，表达了开放创新迎繁荣、共创美好新怀来的寓意。此外，站房正立面上还设置了 4 幅浮雕，分别代表了怀来的 4 张名片——古城、英雄、净水、美酒，开门见山地展示了怀来的自然、人文景观和文化内涵。

图 3-95 怀来站站房立面造型设计

怀来站的夜景立面设计也体现了车站的建筑特色，用灯光语言展现轻盈、流畅、优美的建筑曲线与简洁明快、气势磅礴的建筑设计风格，其夜景设计元素来源于葡萄酒色、葡萄酒杯的光景与庄重、宏伟的建筑感受。此外，夜景立面以黄光为主色，在节假日及冬奥会期间可进行色彩的变幻,用灯光的语言来表现建筑轮廓曲线轻盈的流动,用建筑不同光照重点来满足不同场景的特殊需求,如图 3-97 所示。

图 3-96　怀来站鸟瞰图

a）平日夜景效果

b）节假日夜景效果

图 3-97　怀来站站房夜景立面造型设计

6)下花园北站站房立面造型设计

下花园北站建筑整体形象恢宏大气,弧形的建筑和天桥整体看起来是个"人"字形,体现了京张铁路的精神,其立面造型设计主要从城市文化、历史文化和中国高铁文化方面进行考虑。

从城市文化和历史文化方面考虑,下花园北站弧形的建筑与广场柱廊的弧线围和,将两侧的公交枢纽与商业配套一体化整合,就像张开的双臂,拥抱城市与自然,这是花园城市的象征,如图3-98所示。此外,其互通的景观界面渗透,结合站房偏转的柱型,将室内景观导向南侧的鸡鸣山,为候车大厅内营造鸡鸣山眺望的视角,在舒适的现代构筑物内重现百年前观山视角。

图3-98　下花园北站鸟瞰图

从中国高铁文化方面考虑,下花园北站立面造型设计采用了"风电叶片"的柱子设计形态,运用叶片扭转的角度,将室内外景观互动交织,视线旋转45°,风车叶片的柱子有着很强的创新精神和科技感,这也正是智慧铁路和奥运创新精神的体现,如图3-99所示。

a)　　　　　　　　　　　　　　　　b)

图3-99　下花园北站站房立面造型设计

7）宣化北站站房立面造型设计

宣化北站位于张家口市宣化区，以"古城新韵"为设计理念，站房立面造型设计宏观构架提取宣化古城墙的城楼、城台、城墙三大元素，以极简的设计手法重构端庄的大明古城形象。

从历史文化方面考虑，由于宣化北站临近宣化古城墙，为了与古城保护规划相呼应，车站立面造型采用了现代中式建筑风格，来体现宣化古城的传统风貌，如图3-100所示。其中，建筑的柱、斗拱、飞檐等构件都借鉴了圣母殿的比例，并进行了适当的现代处理。

a）古城元素

b）宣化北站

图 3-100　宣化北站站房立面造型设计

8）张家口站站房立面造型设计

古往，张家口是连接京津、沟通晋蒙的交通枢纽，是中原和北地汉蒙的商贸地；今来，张家口更是呼张、京张、大张高铁线路的交汇地，成为京津冀区域内又一高铁新枢纽。同时，新建张家口站位于张家口市主城区以南，原为京包铁路张家口南站旧址，车站南侧规划有新的经济技术开发区，建成后的张家口站将成为城市南北发展的重要节点和经济开发区对外联系的大门。因此，基于对张家口的历史及地域环境因素的思考，设计选取"纽带"作为车站立面设计的文化主题，如图3-101所示。

从地区文化和奥运文化方面考虑，站房外部设计采用了浅色建筑材质，仿佛积雪山脉映于天际，其灵感来自张家口地区广袤无垠的自然风光，同时也呼应了即将到来的2022年冬奥会。此外，站房正立面的曲线也呼应了张家口的著名地标大境门。

从京张文化方面考虑，在张家口站站房的整体造型设计中，运用了大气舒展的曲线，将"人"字形的意向融入屋面造型的设计中，表达了对"百年京张"的敬意，如图3-102所示。

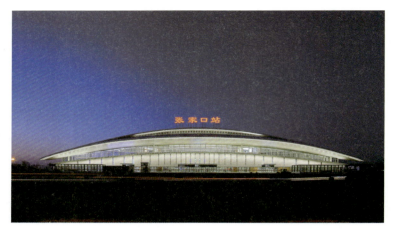

图 3-101　张家口站站房立面造型设计

图 3-102　张家口站站房"人"字形造型意向

9）太子城站站房立面造型设计

新建太子城站位于张家口市崇礼区太子城村，是距奥运赛场最近的高铁站，奥运颁奖广场位于站房的正前方，奥运期间整个站房将作为奥运颁奖广场的背景。因此，车站建筑立面造型设计中主要体现了奥运文化、冰雪文化以及中国的高铁文化，如图 3-103 所示。

图 3-103　太子城站站房立面造型设计

从奥运文化和冰雪文化方面考虑，太子城站站房建筑主体采用白色双曲线，站房的屋顶和墙体连为一体，形成一个椭球壳形，与奥运冰雪文化相呼应，同时顺滑的曲线也与将在这里举行的滑雪运动的速度与激情相契合，如图3-104所示。

a）

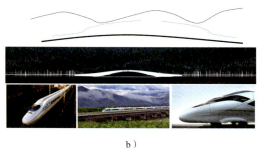
b）

图3-104　太子城站站房立面造型设计

从我国高铁文化方面考虑，车站采用双曲弧线造型，曲线形式与周围山势相呼应，双曲屋面直接落地，建筑造型与周边环境自然融合，减少对周边环境的影响，充分尊重自然，体现山地建筑、绿色建筑的特色，同时更展现出了我国现代高铁文化。

此外，太子城站的室外夜景照明设计也独具特色，如图3-105所示。设计元素来源于自然界中浩瀚的星空，意在表现建筑轻盈、流畅的优美曲线，同时也体现出了奥运文化和中国高铁文化。在平时夜景立面以白色的内透光为主，当屋顶的雪层不厚时，暖黄色的LED灯能够透过半透明的雪层，形成一个个柔和的光斑，如同萤火虫般微弱的灯光将建筑笼罩上了一层浪漫温馨的氛围。而在节假日及冬奥会期间，夜景灯点状光源可通过智能控制进闪烁变化并且形成各种动态图像，与天空中的繁星相呼应，产生更多艺术效果来满足不同场景的特殊效果，并融入了"奥运五环色素"，这也展现了京张智能高铁的设计理念。

a）

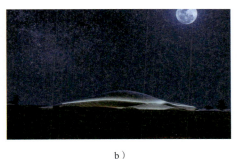
b）

c）

图3-105　太子城站室外夜景照明设计

10）延庆站站房立面造型设计

延庆区北东南三面环山，妫水河流淌城区之中，依山傍水，是山水之城的代表，也是首都生态涵养发展区。延庆站站房立面造型设计取意"高山流水"，结合地方的自然山水风貌和我国山水画，提取"山水"的传统文化特质，隐喻以山水之城的生态来迎接八方来客，如图3-106所示。

a）海坨山

b）妫水河

c）百里画廊

d）松山自然保护区

e）国画山水

图 3-106　延庆站站房立面造型设计元素

车站整体造型以精妙绝伦的流线轮廓展开，如行云流水般一气呵成，简单洒脱地勾勒出一抹天际线。白色的双层金属屋面如云如水，流淌在绿地山川，将美丽延庆青山绿水浓缩体现，简约大气而不失意境，充分彰显建筑与自然的融合新生。在设计中着重体现第五立面的重要性，利用三条棱形天窗，打造出高山滑雪道的形象，与冬奥会赛场站的意义结合，成为地区的地标性建筑物，如图 3-107 所示。

图 3-107　延庆站鸟瞰图

另外，形象设计本着形式追随功能的原则，外形体现功能需求。因为延庆站包含地方和铁路双重业务，需要将两种功能独立布置，设计将地方业务功能集中于西侧，铁路候车大厅集中于东侧，使用空间西高东低，与立面形象完美契合，成为非对称铁路旅客车站的代表。

高铁的建设与城市乃至地区的交通、经济、文化发展息息相关，因此统筹考虑高铁建设与城市规划尤为重要，站城融合设计已是大势所趋。京张高铁的建设始终坚持站城融合的发展理念，从而带动沿线城市的发展，推进京津冀一体化的建设。京张高铁站房设计充分考虑了当地的自然环境、人文文化及交通现状，沿线设计五大风光段，构成独特的绿色景观线，展现不同的地域风貌；站区内部通过对交通流线、站区房屋、绿化景观及站房立面的整合设计，与周边环境相适应，创造富有活力的城市广场，提升旅客出行便捷性和使用舒适度。在京张高铁站房站域空间的站城融合设计中，最为出彩的一笔是结合站房所处环境，运用多种设计手法，实现站房与不同城市空间的融合，如八达岭长城站运用消隐的手法，化整为零，依山就势，与长城文化遗产融为一体；太子城站运用共生的手法，以双曲弧线造型呼应高山，以白色表面呼应冰雪，与当地自然环境融为一体。在站城融合理念的指导下，京张高铁线与城市的布局关系、站房与城市的融合关系以及站区与周边环境的衔接关系均得以妥善处理。

CHAPTER 4
>>>> 第 4 章

京张高铁综合性站房建筑空间站城融合设计

STATION-CITY INTEGRATION DESIGN OF THE COMPREHENSIVE STATION BUILDING
SPACE OF BEIJING-ZHANGJIAKOU HIGH-SPEED RAILWAY

京张高速铁路线立足于站城融合的线与城的布局关系，全线建设站房共 12 座，作为引领城市发展、服务奥运的示范线，京张高铁的每一座站房都凝聚和突显出城市建设者的缜密布局和建筑设计者的匠心独具。其中新建或改建的几座站房因其承载运力的规模相对较大、站房及站域体量在城市中占据较大的空间、内部功能复合化、交通组织综合化以及具备服务奥运的主题性等特征，将其归纳为京张高铁综合性站房，该类站房在内部空间设计中也承接了站城融合的设计理念，综合性站房在京张高铁线的分布情况如图 4-1 所示。

京张高铁综合性站房主要分为两类：一类是自身规模大，需要与各种交通方式连接，位于多条铁路交会处，具有功能复合型的特点，如北京北站、清河站、张家口站；另一类是冬奥会期间作为奥运会与赛事连接的交通枢纽，如延庆站、太子城站。

京张高铁在北京市主城区设有北京北站及清河站，北京北站车场规模为 6 台 11 线，清河站车场规模为 4 台 8 线，到发车辆排布较为充盈。

北京北站地处西北二环、西直门交通枢纽核心区，清河站地处西北五环外、清河交通枢纽地区。由于地理位置的原因，加之北京市特殊的城市职能定位，京张高铁的车站建设形成了互联互通、多点乘降的双客站模式，提高了高铁交通在区域中换乘效率，北京西直门地区交通的拥堵得到有效缓解，同时对北京西北部的自南向北交通体系给予调整性的补充和完善。

清河站作为京张高铁第二站、2022 年冬奥会始发站，包含 3.3 万 m^2 的高铁站房，城市轨道交通 13 号线，城市轨道交通昌平线南延和 19 号线支线车站，公交站场，出租与社会车辆场地，为综合交通枢纽站。

张家口站位于张家口市主城区以南，京包铁路张家口站旧址。车站北侧临近老城区设置北落客区、公交站、东西绿地广场。南侧面向新建开发区，设置空铁联运、旅客集散中心、公交站、长途客运及南站前广场。另有 3 条市政轨道交通线路在站房周边设置。城市交通 1 号线接入站场与国铁并场设计；城市交通 2 号线从地下一层城市通廊下侧自北向南穿过；站房南侧市政高架桥距离地面高度为 13m，利用该净空在其下方设置市政磁浮 R1 线。建成后的张家口站将成为城市南北发展的重要节点，经济开发区对外联系的大门。

延庆站（延庆综合交通服务中心）作为京张高铁延庆支线的始发终到站，是服务 2022 年冬奥会赛事场馆的重要交通枢纽。延庆站位于延庆新城 09 街区中心位置，既有铁路康延联络线北侧，毗邻既有延庆火车站。延庆站更好地衔接了铁路与延庆区区域交通方式，提高通勤客流的服务效率，成为延庆区重要的交通换乘枢纽。作为冬奥会的三个赛区之一，延庆赛区将举办高山滑雪和雪车雪橇的比赛。京张高铁延庆支线作为冬奥会交通保障设施之一，将发挥重要作用。

太子城站作为京张高铁崇礼支线的始发终到站，位于张家口市崇礼区太子城村，是服务 2022 年赛事场馆的重要交通枢纽，太子城站距离张家口市 50km，距离崇礼区 15km，距离太

京张高铁综合性站房建筑空间站城融合设计　CHAPTER 4

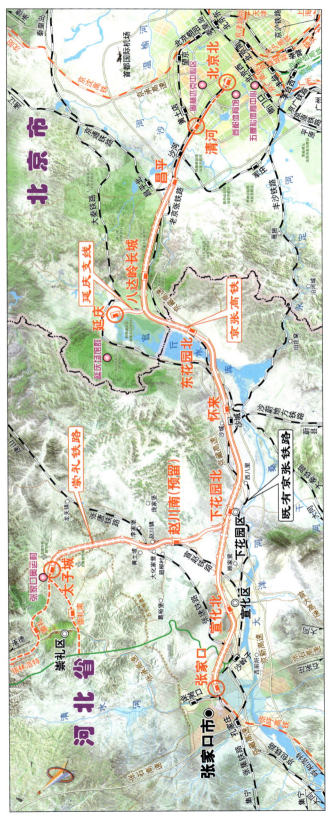

图 4-1　京张高铁综合性站房分布情况

105

京张高铁站房站城融合设计

子城村 2km，基地景观条件优越，是距离奥运赛场最近的高铁客站。

与城市空间形态的衔接与融合，是综合性站房空间站城融合的基础。京张高铁综合性站房与城市的内在融合基于交通功能的畅通融合、站区功能与城市功能及空间的融合，站房内部功能复合、绿色生态是京张高铁综合性站房的主要特征，此外，京张高铁综合性站房的站城融合设计还包括了蕴含文化信息的空间的营造、建造技术的突破，以及站房后续管理运营模式与方法的创新。

4.1 多元复合的功能空间设计

作为多种交通方式聚集与衔接的场所，站房的设计不应仅是将不同的交通体系进行简单的组合，而是需要对其进行有机地整合。除此之外，新时期的高铁站房往往还需承载不同的城市业态，其定位也不只是区域的交通枢纽，而是区域乃至城市的发展触媒。因此还需要对城市业态进行有机组合，并与不同的交通方式进行整体协调，从而形成一个高效运作的业态体系。不同的城市业态在站房中并置且互补，相互借用、相互协调，使站房业态体系的复合性得到充分的发挥，在丰富城市生活的同时也使站房产生巨大的影响力和吸引力。

不同于传统客运站功能相对单一、封闭的特点，综合性站房融合了包括商业、商务、休闲等多种城市业态，能够为不同人群提供不同的活动平台，满足不同人群的行为需求，越是大型的综合性站房其业态组成往往也越复杂。因此，在站房的设计过程中需要从城市视角出发，针对不同区域、不同经济情况、不同发展定位的差异对站房的业态进行合理的分析和策划，尽可能地在合理的情况下完善站房的业态设置和发展模式，丰富站房的城市业态。

高铁客站相对于其他公共建筑，其业态组成更复杂，交通方式更多样，并且会在短时间内聚集大量客流，所以站房不能只是简单地设置了不同属性的功能，还需要对不同业态、不同形式的空间进行合理的组织和系统性的整合。由于功能空间整合的手段多样，因此需要结合具体的自然环境、城市环境和建筑形式统筹考虑、统一规划，从而更好地发挥不同业态间的协调作用和功能体系的整体控制作用。

京张高速铁路作为一条服务奥运的铁路线，其综合性站房具有自身的特殊性，每个高铁站所处城市区域和周边环境不同，其所需要解决的业态功能布局、交通衔接组织，以及服务主体目标对象的需求也不同，因此其功能组织更加具有多元复合的特点。主要表现在集约利用灰空间形成与建筑内外部空间的有效衔接；通过营造开敞通透的大空间实现候车厅的四区合一设计，同时为旅客提供温馨舒适的候车环境；设置多种场景充分探讨奥运会时临时站房的赛后利用；以及对位于城市中心区的站房进行基于站城融合的改造与升级。

4.1.1 土地的集约及空间的高效利用

为了提高城市空间的利用率和优化土地资源的配置，高铁客站往往通过灰空间的形式，来充分适应城市的发展规律，为使用人群提供驻足、休息、步行及活动等各类公共场所，从而营造适宜的外部公共环境，促进高铁站步行系统的完善。其次，站房灰空间的营造也是模糊建筑边界的有效手段，半室内化的空间能够促进建筑内外空间的有机过渡和有效融合，同时也在一定程度上提升了内部空间和功能体系的开放性。

站房灰空间的营造形式主要有两种：①可通过巨大的出挑屋檐或雨棚的形式在建筑边界处形成灰空间，为使用人群遮风挡雨；②由于大型高铁站常用高架平台或高架车行路的形式组织交通，因此可以在高架平台下方营造灰空间，这种方式能够强调公共交通快速通过的特征。如，意大利米兰中央火车站是折中主义风格的代表建筑，巨大柱廊的形式构成了能够满足大量人群使用的城市灰空间。而在京张高铁线路中，清河站则利用既有高架平台下方的空间营造城市灰空间，将原本较消极的空间充分利用，营造舒适的入口广场。

站前广场是联络站房与城市的"纽带"，也是铁路与城市公共交通体系换乘的主要场所，交通功能、环境功能及城市结点功能是站前广场的三大的功能。而随着社会经济的发展，以及站城融合理念的应用，除了交通设施功能的不断完善以外，广场环境舒适度也是需要完善的一个方面。

清河站站房东侧距离既有办公用地边缘约 30m，中间为 20m 宽的规划道路，用地条件非常局促，不具备作为站前主广场的条件。故将西广场作为清河站的主广场进行设计，广场北侧及南侧分别规划为公交车场及出租车场，而横贯于西广场上方的京新高速公路桥则成为站前广场设计的制约因素。既有京新高速宽度约为 30m，高度上比清河站站台（正负零）高出约 7m，距离清河站主体建筑最近约 6m（平面距离），桥下现状净高约为 3m。又高又宽且净空高度低的京新高速公路桥对车站流线设计、广场景观设计及站房形象等都产生了直接影响。

根据客流需求分析，车站及城市轨道交通西侧地面客流均需要经过京新高速公路桥的下方，而桥下现状净高较低，空间压抑，舒适度差，故提出了将西广场局部下沉的处理方案，以增加桥下净高，从而营造了"高速公路桥—半下沉广场—地面入站"的新型旅客流线方式，其具体剖面关系如图 4-2 所示。同时，京新高速亦成为清河站站前广场一道遮阳、避雨、挡雪的天然屏障，一定程度上提高了广场的环境舒适性。但值得注意的是，下沉广场标高的确定是设计的关键点，需综合考虑下沉广场区域的排涝能力、广场下沉后对京新高速桥的安全评估，以及施工方案不能影响高速路的正常运营等因素。

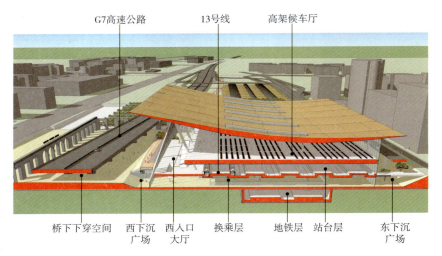

图 4-2 清河站既有高架平台下方的利用

4.1.2 四区合一的候车区域功能复合设计

诺伯格·舒尔茨认为，建筑空间存在着三个层次及时期的演进，即从实体向外、内部中空、内外空间互动的发展规律，它既是不依赖于人的意识而存在的客观实体，又是有限和无限的统一。纵观铁路站房的发展规律，同样经历了类似的过程，由于候车模式从"等候式"向"通过式"的转变，站房也产生了由"实体向外"到"内外空间互动"的趋势的转变。传统铁路站房开放性相对较差，这主要是受到设计理念及管理方式等因素的限制。而新时期的铁路站房需要充分适应城市的发展规律，对主体功能的组织形式进行适当的调整，在加强功能体系复合性的同时更要确保其主体功能的开放性，将各功能单元进行有机地整合，将其所对应的空间进行适当的融合，使客站形成整体的、连续的、流动性的空间，从而真正实现高铁客站由"内向型"到"外向型"的转变，从单一交通功能向复合型的转变。

（1）传统铁路站房采用"等候式"的候车模式，在这种模式下候车空间的组织形式通常为若干个独立的小型候车空间，并在其内部布置有商店、餐饮等功能单元。此种候车模式各功能单元重复设置，乘车流线较长，受众对象单一，乘客体验较差，且大大减弱了各候车空间之间的联系性，开放性也相对较差，这种组织方式已经不适应现阶段铁路站房的发展要求。如今，为了提供更舒适的候乘环境以及更便捷的乘车流线，则需将各个独立的候车空间整合到一起，形成一个完整连贯的候车空间，而位于各候车空间的各功能单元也将在统一的候车空间中重新组织，形成一个完整的功能空间。在这个过程中站内空间的开放性也得以增强，各部分功能不仅在视野上得以联系，而且大空间的设计也能应对将来出现的需求做出调整。

（2）传统站房的进站空间通常采用"进站广厅"的形式，并且通过进站广厅联系各个独立的候车室，所以进站广厅也起到了分流的作用，是客站的核心空间。但传统站房的进站空间往往与购票空间、行包空间等服务空间分离设置，这在一定程度上增长了旅客的进站流线，给旅客的出行带来了不便。此外，传统铁路站房的进站广厅通常也属于付费区，服务对象只针对已经完成检票的旅客。相对而言，高铁不办理货运业务，并且网上购票已逐渐成为高铁主流的购票方式，所以高铁站的进站空间仍可保留进站广厅的形式，但区别于传统的铁路站房，高铁站的进站广厅需进一步简化并融合购票空间以及其他多种服务空间而形成一条完整的空间序列。同时，进站广厅也应以非付费区的形式存在，从而充分发挥各功能单元的开放性，服务更多的使用群体，使普通市民也可以自由出入。

高铁站房的候车大厅通常是大空间的形式，多采用桁架、空间网架等大跨度结构形式，内部空间宽敞、通透，流动性强。国外许多客站更是将候车大厅进一步与站场相结合，旅客进入候车大厅后就可以直接到达站台乘车，如米兰中央火车站，这种组织方式不仅缩短了旅客的乘车流线，同时也提高了主体功能的利用率和开放性。

清河站的高架候车厅区域也遵循了这样的设计理念。相比较于较传统的站房，清河站增加了综合服务区、儿童娱乐区、商务休闲区和文化阅读区，形成了创新温馨的区域。利用长座椅、绿植、机电单元等软隔断将这些服务区域与普通候车区分开设置，如图 4-3 所示。服务区域设置的风格、色调、大小与车站整体协调一致，且区域内服务备品配备标准、齐全，体现出人文关怀。

周边设备机房设计　　　　　　　　周边机电单元设计

图 4-3　清河站候车厅设备机房及机电单位设计

在候车厅内结合机电单元设置综合信息岛，在综合信息岛中集中展示 2008 年以来的铁路站房、桥梁隧道等建设成就，并且结合候车区布置艺术品，如图 4-4 所示。在清河站二层候车大厅，8 个机电单元，乘客在候车过程中能从这里欣赏到新时代高铁建设的风貌，能感受到各自家乡的标志性铁路站房建筑艺术，机电单位具体设计如图 4-5 所示。基于多功能融合于大空间的设计，文化展示与使用功能在公共空间中融为一体。

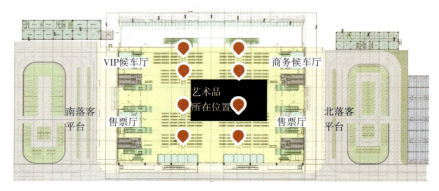

图 4-4　清河站（2 层平面）候车厅内艺术品所在位置示意图

图 4-5　清河站候车厅内机电单位设计图

与清河站候车厅的设计相似，张家口站的候车厅区域利用高架候车厅东侧的独立空间，设置为重点旅客服务区、儿童娱乐服务区、军人依法优先服务区、医疗服务区，四区合一，如图 4-6 所示。该区域内装饰风格、色调、材质都与整体空间相协调，服务备品配备齐全，体现人文关怀。结合景观绿化、设备末端形成了多功能休闲区域，如图 4-7 所示。在整体风格和色彩的协调上与整个候车厅统一设计，不但展示了京张文化信息，还营造出了尺度适宜、亲切温馨的候车空间，如图 4-8 所示。

图 4-6　张家口站四区合一

图 4-7 张家口站候车厅多功能休闲区域

图 4-8 张家口站候车厅设计

4.1.3 奥运会后临时站房的利用

太子城站位于张家口市崇礼区太子城村,是 2022 年冬奥会的主赛场,而冬奥会期间必定会给太子城站增加大量的客流。

为应对奥运期间的高峰客流，太子城站增设临时站房，起到汇流、分流的作用，同时其通透式的设计也让旅客在候车室尽享优美风景。设计时，通过对赛时高峰时客流量的预算，来计算增设的临时站房的面积。具体方法如下：

为了确定站房的规模，设计人员首先预测了三种可能出现的情景并对相应的面积进行推算，情景一：远端安检；情景二：云顶缆车安检；情景三：高铁站全员安检。其中每种情景具体推算面积见表4-1。最后采用"情景三"所推算出的最大的面积。

太子城站三种安检模式预测　　　　　　　　　　　　　　　　　表 4-1

安检模式	情景一：远端安检		情景二：云顶缆车安检		情景三：高铁站全员安检	
	分项	面积（m²）	分项	面积（m²）	分项	面积（m²）
高铁站独立建设交通设施（必须）	交通设计面积需求	15710	交通设计面积需求	15710	交通设计面积需求	15710
	安检面积需求	3575	安检面积需求	3900	安检面积需求	14625
	合计	19285	合计	19610	合计	30335
高铁站叠加颁奖广场交通设施（非必须）	—		交通设计面积需求	21260	交通设计面积需求	21260
			安检面积需求	7800	安检面积需求	15275
			合计	29060	合计	36535

其中，太子城站奥运赛时安检模式"情景三"的条件分别为：最大高峰日为古杨树两场比赛日；高铁站到发量高峰6000人/h（不超过连续2h）；T1、T2自专用送站路在贵宾室（7.5m标高）安检后直接进站台上车；T3在高铁站站前平台（0.0m标高）进出高铁站安检候车；普通观众、志愿者、工作人员及媒体人员经枢纽（–6.5m标高）进出高铁站。

根据"情景三"的条件，结合各类人员服务要求和太子城站奥运赛时及流线场地条件限制，确定不同人群在不同区域分别安检。其中，本项目赛时需要注重考虑的人群为高铁站往返的"普通观众""媒体人员""志愿者及工作人员"，此类人群均在高铁站奥运赛时普通观众进出口（–6.5m标高）进出站。其他人员（奥运大家庭）则通过高铁站赛时奥运大家庭进出站口（0.0m及7.5m标高）进出站，且在条件充足的情况下提供前往颁奖广场区域的上落客区域。

最终，通过计算得出太子城站奥运赛时"情景三"的规模需求分别为：赛时枢纽承担的高铁站产生的客流所需的安检面积为13000m²（40个通道），具体数据详见表4-2；赛时枢纽承担的高铁站产生的交通所需的场地和设施面积为10880m²，具体数据详见表4-3；赛时枢纽分担的颁奖广场客流的安检面积（非必须）为3250m²（10个通道），具体数据详见表4-4；赛时枢纽分担的颁奖广场交通的上落客区面积（非必须）为540m²，具体数据见表4-5；故赛时枢纽部分（–6.5m标高）需提供23880～27670m²的面积。

太子城站出站各类群体安检通道需求表（必须）　　　　表 4-2

群体分类	古杨树（人次）	颁奖广场（人次）	汇总（人次）	安检能力（人/h）	安检通道数（个）	排队15min人数（人）	安检通道面积（m²）
观众	4721	230	4951	120	41	34	11050
媒体	303	62	365	120	3	3	975
志愿者和工作人员	324	51	375	120	3	3	975
T1、T2 人员	120	23	143	120	1	1	325
T3 人员	360	68	428	120	4	4	1300
合计	5828	434	6262	600	52	45	14625

（13000m²，40个）

太子城站赛时各类交通设施需求表（必须）　　　　表 4-3

群体分类	出站人数（人）	小汽车停车位 数量（个）	小汽车停车位 面积（m²）	小巴停车位 数量（个）	小巴停车位 面积（m²）	巴士停车位 个数（个）	巴士停车位 面积（m²）	上客位（个）	落客位（个）	上、落客面积（m²）
T1、T2、T3 人员	570			29	1450			2	1	171
要人及护卫车辆		10	300							0
观众	4951					62	4960	4	2	557
媒体	365					9	720	1	1	145
志愿者和工作人员	375					5	400	1	1	180
保障团体停车		40	1200							0
功能用房										2000
公安及其他用地		120	3600							0
合计	6261	170	5100	29	1450	76	6080			3053

（10880m²）

太子城站颁奖广场各类群体安检通道需求表（非必须）　　　　表 4-4

群体分类	人次	安检通道数（个）	安检通道面积（m²）	
观众	770	4	1300	10 个
媒体	525	3	975	
志愿者和工作人员	462	3	975	
T1、T2 人员	23	0	0	1 个
T3 人员	68	1	325	
合计	1848	11	3575	

（3250m²）

而奥运之后，首先考虑到崇礼（北）高铁站在未来一段时间内不会开工建设，因而太子城高铁站将成为整个崇礼区最主要的对外大运量的交通门户，太子城高铁站枢纽也将成为该片区最活跃的交通枢纽，同时受到奥运经济的影响，作为优质滑雪资源的太子城片区也必将成为崇礼最主要的旅游目的地。因此，综合以上不同预测研究范围所得到的旅客客流结果，确定太子城高铁站的高峰日客流为 15850 人次。

太子城站颁奖广场赛时各类交通设施需求表（非必须） 表 4-5

群体分类	高峰小时到达人数（人）	小汽车停车位		小巴停车位		巴士停车位		上客位（个）		落客位（个）	
		数量（个）	面积（m²）	数量（个）	面积（m²）	数量（个）	面积（m²）	数量（个）	面积（m²）	数量（个）	面积（m²）
T1、T2、T3 人员	180			9	450			1	60	1	60
观众	1000					12	960	1	90	1	90
媒体	587					15	1200	1	90	1	90
志愿者和工作人员	513					6	480	1	90	1	90
运行团队车辆		20	600			15	1200				
合计	2280	20	600	9	450	48	3840	4	330	4	330

540m²

此外，由于太子城片区客流主要为季节性客流，雪季滑雪人群出行呈聚集形态，并主要集中在旺季的 150 天内，因此预测高峰小时出行比例占全天出行的 20%，高峰小时客流量为 3170 人次（雪季）。

其次，考虑到冬奥会赛后太子城站主要服务于冰雪小镇、云顶及太舞的旅游出行，且兼顾为周边村庄提供一定服务；同时，考虑到去往雪场、草原天路、崇礼城区、张家口市区及其他周边地区和景点的游客可以选择汽车租赁的形式出行，得到各种方式出行比例及高峰小时出行人次详见表 4-6。

各种方式出行比例及高峰小时出行人次 表 4-6

车辆类型	主要服务人群	所占比例（%）	高峰小时出行人次
出租车	崇礼居民、附近村镇居民、游客	25	792
社会车辆	城区居民、附近村镇居民、游客	30	951
汽车租赁	游客	5	159
合计		60	1902
公交车	城区居民、附近村镇居民、雪场游客	25	792
旅游大巴	雪场游客	15	476
合计		40	1268

最终，通过上述分析得出太子城站临时站房的利用方式为，将站房地下一层由临时候车厅改造为旅客出站厅及旅客服务区，一层仍为候车厅，夹层区域为站内旅客服务区。此外，奥运之后，该枢纽也将承担起对外与太子城冰雪小镇交通及周边赛后场馆的交通网络相衔接的作用，对内仍然以客运枢纽为核心，市域公交、旅游大巴、社会车、出租车、索道缆车等多种交通方式换乘为主要功能，兼顾商业餐饮、旅游服务、休闲娱乐、汽车租赁及停车等功能，利用方式的主要内容及面积见表 4-7。

太子城站赛后相关配套设施的利用方式 表 4-7

配套设施	主要内容	占地面积（m²）	说明
常规公交首末车	2 条路线，2 个上客泊位、36 个驻车位	3600～4320	其他设中途站
游客集散中心	4 个上客泊位、2 个落客泊位、12 个临时驻车位，1 处游客服务用房	2720	可与公交站合并建设
出租车停车区	落客区、上客区及蓄车区，部分可设即停即走	1680	—
小汽车停车场	20 个落客区泊位、159 个停车场上客泊位	9495	—
新能源汽车租赁区	停车泊位及办公用房	900	—
电动自行车、自行车停车场	规定公共自行车停靠区域	—	—
商业配套及交通空间	上述主要功能区面积得 25%	4780	商业、办公、配套等

4.1.4 基于站城融合的站房改造与升级

1）北京北站的功能定位调整

本着遵循上位规划、建设用地严重受限、维持既有站建筑规模的前提，以"畅通融合、绿色温馨、经济艺术、智能便捷"十六字建设理念，对北京北站进行多维度的改造设计，使之从普速站转型为京张高铁运行始发、终到站。

北京北站是 2009 年改建、2019 年底京张高铁改造开通的一座线端式站房，位于北京西、北二环交会处，坐落在中央行政区西直门区域西环广场。北京北站改造前承担京包铁路、京通铁路（普速）和北京市郊铁路 S2 线的始发、终到客运作业，改造后是京张高铁的起始终到站，且与城市轨道交通 2 号、4 号、13 号线西直门换乘站一体衔接，成为北京市轨道交通枢纽十分重要的组成部分。

2）北京北站空间改造

（1）设备房屋整合。

北京北站全面应用当今国内高铁核心技术和多项攻关成果，对站内信息、标识核心系统进行智能化更新升级。通过转变使用功能、检测加固等技术手段，挖潜扩充既有房屋设施，合理地重组、布局，使技术设备翻新、运营系统完善，大幅提高既有站高铁作业效率和适应性；满足"快进快出""舒适便捷"的刚性需求；使改造后的北京北站具备或等同高铁始发站的智能化交通机能。

具体的一些措施包括：加设信息设备机房，将部分既有办公间施以功能的改变、重新布设、结构的检测、实施加固措施；预应力钢张拉无柱雨棚的整体检验、受力验算、安全卸载；侵入站台限界的住户搬迁；旧站台面凹凸变形的修复翻新；既有无柱雨棚屋面排水系统修复及涂新；站房内外给排水、客车上水的整治、设备管线统筹布置改移等。

整合改造后使关乎高铁运行、危及旅客人身安全隐患降为零；提高了适应性和所有的功能品质，数年的旧站焕然一新，焕发出现代交通的生机活力。

（2）公共空间布局优化。

北京北站对于既有站房内部客运公共功能区范围实施重点改造、整合：对地下层候车厅、首层候车厅分别合并功能及布局整合，改造后的一层及地下候车室如图4-9～图4-11所示。结合增设智能高铁售检票系统技术，简化进出站流程，合理布设检控点位，使车站"平进下出""下进下出"流线更加平顺通畅；最大限度地发挥和利用北京城市轨道交通2号、4号、13号立体换乘的设施资源，将地下层客运客服设施全面更新，使既有站房注入新功能，提升了高铁、城市轨道交通现代化交通标准和水平，呈现西直门交通枢纽快捷换乘、无缝衔接的都市景况。

图4-9 改造后的一层候车室

图4-10 改造后的一层候车室

图 4-11 改造后地下层候车室

站内既有站房候车区小、且分层,交通面积多,采用因地制宜、充分利用有限空间、动静分区结合等手法,在首层候车厅安排四区一室设置配套设施,达到融入人文关怀、绿色温馨的效果。

(3)文化展示升级。

北京北站改造文化在贯穿京张高铁文化主线的同时,将"胡同文化"和"匾额文化"相结合,分别展示"北京市井文化"与"北京皇城文化",充分显现首都北京"名都足迹"城市元素,极力展示京张高铁的"中国速度",传递延续悠久的历史和时代气息。

对于"胡同文化"的展示,设计中以京张沿线及所经区间建筑独有的古老传承与现代城市文明、地域文化为特征,将其反映的体量风格、造型比例、用材色彩给予保留、体现、抒发:锦标灰墙引借京张铁路西直门老站房遗址、既有北京北站房外墙的灰色基调,点缀铜仿旧金属质感 Logo,表示北京胡同围墙这一重要元素,记忆诉说着京张百年巨变及"点石成金"的寓意,改造后围墙如图 4-12 所示。

图 4-12 改造后围墙

对于"匾额文化"的展示,既有站房北山墙中心增设"北京北站"仿木匾额,描金勾勒,书法精湛,纹饰华丽,蓄意"精品";对称两侧得窗间墙贴挂仿石浮雕,图案丰富,精雕细镂、寓意含蓄;整体布设集书法、篆刻、浮雕艺术精品为一体,与站房建筑交相呼应,匾额文化得以弘扬,既有站房建筑艺术品质大幅度提升。传承北京地区独有的都城、皇家史文特征的同时,表达出老京包铁路与京张高铁的荣耀精神,改造后北立面如图 4-13 所示。

图 4-13　改造后北立面

4.2　站房内部交通流线组织与整合

站房的核心功能是交通组织,而实现高效的交通组织就需要对各种交通流线进行设计整合。在设计过程中需将城市各交通要素进行协调,以"公交优先"和"高效换乘"为基本目标,通过立体化或网络化等方式对城市交通进行一体化的组织。相比于一般的站房,综合性站房除交通功能外,往往还根据城市需求包含了其他不同种类的功能,各功能的设置要以不影响交通组织为前提,在此基础上各功能通过一体化的模式进行协同合作,相互关联,充分发挥各功能的内在属性。在设计过程中还需要对各类型的空间进行统筹考虑,使不同属性的空间相互协调并与城市空间整体协调,从而构成完整的城市空间体系。

传统的站房内部交通流线较为简单,基本都是通过站前广场与市内交通衔接,旅客到达广场后先去往站房一侧的售票厅购取票,然后再安检进入集散广厅。集散广厅内部一般有车次和候车室的相关信息,旅客在此确认信息后前往相应的候车室。大型火车站的候车室一般分为两层,集散大厅内设置直接通往二层候车室的楼梯和自动扶梯。

采用高架候车厅的站房的进站空间与普速列车进站空间相比,功能构成更加复杂,可以满足更多的旅客需求，由于通常采用多方向进站口，减轻了单一进站口的安检及客流冲击的压力，同时对来站旅客提供了多方向进站的可能。京张高铁线中的规模较大的清河站和张家口站都是采用高架候车模式。内部交通流线组织除了需要将不同类型的交通方式合理组织以外，还需满足平时及奥运赛时的客流需求。

4.2.1 清河站——上进下出

清河站作为京张高铁第二站、2022年冬奥会始发站，包含3.3万 m² 的高铁站房、城市轨道交通13号线、昌平线南延和19号线支线车站、公交站场、出租与社会车辆场地，为综合交通枢纽，其交通组织关系如图4-14所示。清河站内部流线组织以换乘一体化设计为主要原则，铁路站房高架设置，采用"上进下出"的旅客流线模式，如图4-15所示。

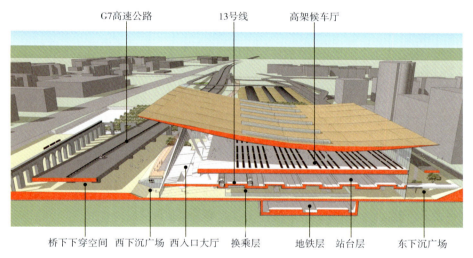

图 4-14 清河站站房剖透视图

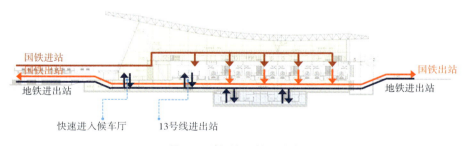

图 4-15 清河站平时剖面流线

清河站外部行人、公交、自行车等交通接驳客流可经由西侧进站大厅进入，通过垂直交通提升至二层国铁候车厅检票进站，乘坐私家车、出租车等旅客可通过高架落客平台与候车厅同层接驳进站。国铁出站旅客均由地下一层出站通道出站，城市轨道交通乘客通过东西下沉广场联系地下一层站厅进出站，不同线路间旅客在城市轨道交通站厅内换乘，清河站综合交通枢纽一体化换乘流线设计如图4-16所示。

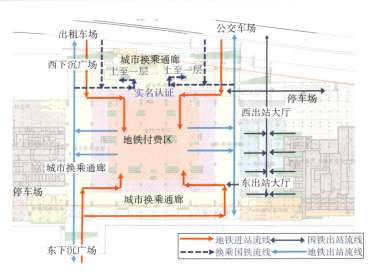

图 4-16 清河站平时旅客进出站流线图

清河站综合交通枢纽规划设计还结合奥运期间的客流，包括冬奥客流、旅游客流、市郊客流及季节性客流的出行特征和需求分析研究，确保流线设计和设备设施设计可满足冬奥期间的特殊需求。

清河站综合交通枢纽奥运流线设计以"分区明确、便捷进站、快速疏导"为主要目的。奥运期间，人员进出站流线设计如图 4-17～图 4-20 所示。计划将站房南侧高架平台划为专用大巴停车位，高架候车厅南侧进站口及南侧区域候车厅定为奥运专用候车厅，供运动员高架落客后快速进站使用，如图 4-19 所示。将地下一层北侧城市换乘通廊局部封闭，联系快速进站厅及出站通道，由此实现由出站通道一侧楼扶梯直接到达站台的反向快速进站功能，如图 4-17 所示。同时计划奥运期间普通观众乘坐城市轨道交通换乘国铁，可利用快速进站厅逆向进站，如图 4-18、图 4-20 所示。此方案是为减少奥运期间的站房的客流压力在设计之初所构想的奥运期间流线。

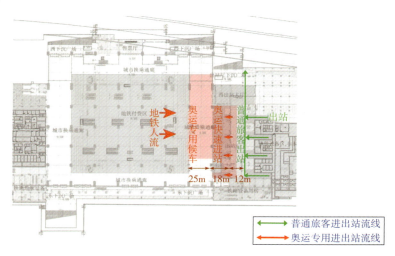

图 4-17 清河站奥运期间地下一层进出站流线图

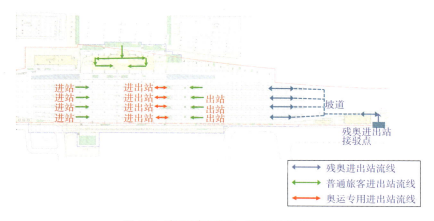

图 4-18 清河站奥运期间一层进出站流线图

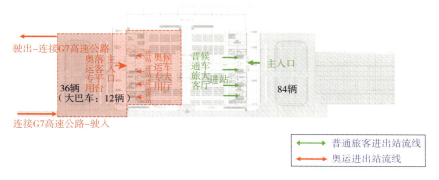

图 4-19 清河站奥运期间二层进出站流线图

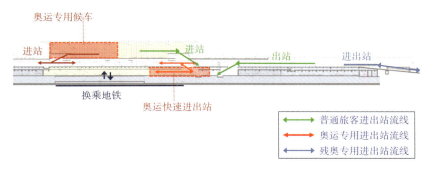

图 4-20 清河站奥运期间剖面流线图

4.2.2 张家口站——上进下出

张家口站与清河站的内部流线组织相似，亦是以换乘一体化设计为主要原则，采用高架候车，"上进下出"的旅客流线模式。

张家口站以贯穿车站区域南北的城市通廊为轴线，在东西两侧设置支线，北侧连接城市轨道交通 1 号线、2 号线，南侧长途及公交车，并可最短距离换乘出租车、社会车，严格控制 300m 的换乘半径，各类交通紧密排布，人性化设置。

北侧进站客流主要由周边街区步行进站客流，城市轨道交通 1 号线、2 号线换乘进站客流，乘出租车、社会车辆进站客流，及沿城市通廊穿越车站南北客流几部分组成，北广场客流通过地下城市通廊进站和进入枢纽进行换乘，站前西大街禁止行人直接平面穿越。南侧进站客流主要由周边街区步行进站，乘出租车、社会车辆进站客流，公交车、长途客运车、机场大巴、旅游专线等换乘进站客流，及沿城市通廊穿越车站南北客流等几部分组成，南广场客流主要通过南广场地面和南广场地下城市通廊进入车站和枢纽进行换乘。整体交通流线通过城市通廊轴线进行疏导，上进下出，地面层进国铁，地下层出国铁，张家口站换乘流线设计如图4-21所示。

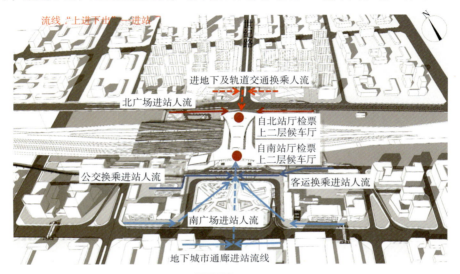

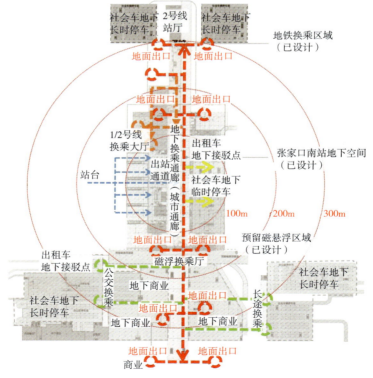

图4-21 张家口站换乘流线分析图

进站时，旅客可由南侧高架落客平台，经由南入口大厅平层进入高架候车大厅，或由北入口大厅，通过垂直交通工具进入高架候车大厅，继而通过检票口到达站台。出站时，旅客可通过站台垂直交通工具下至出站通道，再经由城市通廊，行至公交、长途大巴、出租车场、社会车场、城市轨道交通进行换乘，旅客进出站流线如图 4-22 所示。

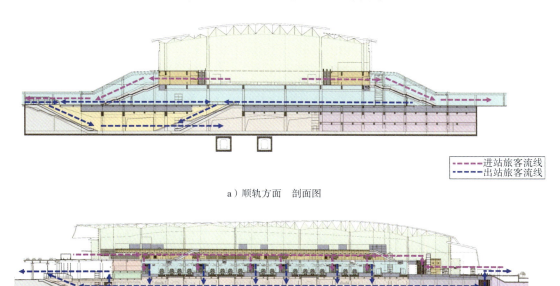

a）顺轨方面　剖面图

b）垂轨方面　剖面图

图 4-22　张家口站内客运流线剖面图

站内旅客流线主要由进站、出站、购票及换乘 4 类流线组成，如图 4-23 所示。为方便客运组织管理，购票客流与进站客流均通过进站门斗进入候车厅内，通过分区栏杆内交通空间进行统一安检后再分流至候车厅和售票厅。候车厅内检票口设置双向闸机，换乘客流可通过逆向检票进入候车厅，避免出站后重复安检。

4.2.3　太子城站——平赛结合

太子城站位于京张高铁崇礼支线，2022 年冬奥会的主赛场，赛后将成为整个崇礼区最主要的对外大运量交通门户，片区最活跃的交通枢纽。同时受到奥运经济的影响，作为优质滑雪资源的太子城片区必将成为崇礼最主要的旅游目的地。因此，太子城站采用"平赛结合"的旅客流线模式，以满足奥运赛时及平时的交通需求。

平时，站房地下一层作为旅客出站厅及旅客服务区，一层为主要的进站层及候车厅，夹层区域为站内旅客服务。地下一层中部设置候车厅和铁路文化展厅，两侧分别设置临时售票厅、旅客服务及相关设备用房，旅客可通过通道的楼扶梯到达地下一层出站，如图 4-24 所示。

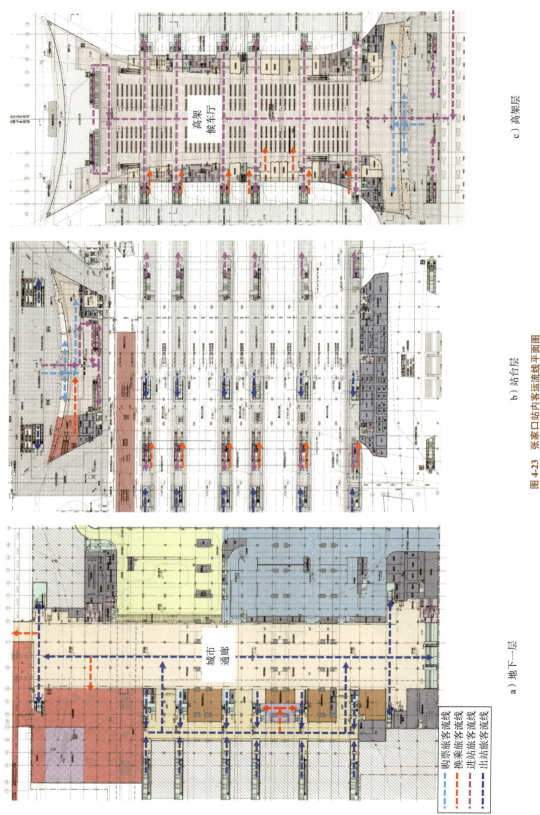

图 4-23 张家口站内客运流线平面图

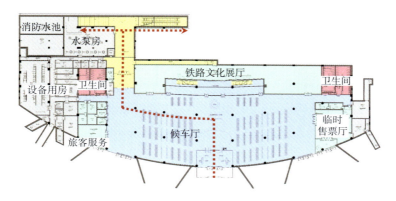

地下一层标高-6.000m，建筑面积5998m²，候车区面积2504m²，平面中部设置候车厅和铁路文化展厅，两侧分别设置临时售票厅、旅客服务及相关设备用房，旅客可通过进站通道的楼扶梯到达地面层进站。

----▶ 旅客进站流线

图 4-24　太子城站地下一层流线图

奥运期间，普通观众、媒体人员、志愿者及工作人员均在地下一层进出站。其他人员（奥运大家庭）通过一层和夹层进出站，如图4-25、图4-26所示。

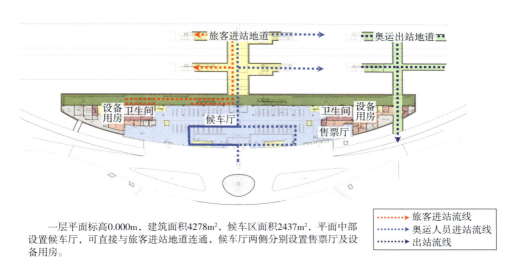

一层平面标高0.000m，建筑面积4278m²，候车区面积2437m²，平面中部设置候车厅，可直接与旅客进站地道连通，候车厅两侧分别设置售票厅及设备用房。

----▶ 旅客进站流线
----▶ 奥运人员进站流线
----▶ 出站流线

图 4-25　太子城站一层流线图

4.2.4　延庆站——平进下出

延庆站采用"平进下出"的旅客流线模式，由首层候车厅平接北侧基本站台进站，由地下出站通道平接换乘大厅出站，如图4-27、图4-28所示。

国铁旅客经地下出站通道检票后出至地下换乘大厅。步行旅客向北进入下沉广场，经扶梯到达站前广场，步行或骑自行车离开站区；乘公交车旅客向西直接到达地面公交上客区；乘出租车旅客向东经扶梯到达地面出租车上客区；换乘私家车的旅客由地下换乘大厅分别向西、向东到达社会车辆停车场、P+R 停车场，如图 4-29 所示。

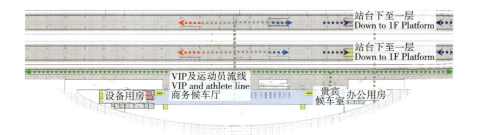

夹层平面标高7.5m，建筑面积1712m²，候车区面积972m²，平面中部设置商务候车厅，商务候车厅。

图 4-26　太子城站夹层流线图

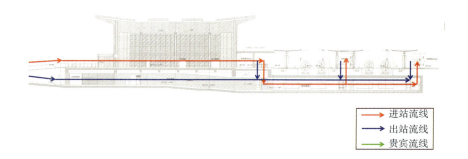

图 4-27　延庆站平时旅客进出站流线剖面图

图 4-28　延庆站平时旅客进站流线平面图

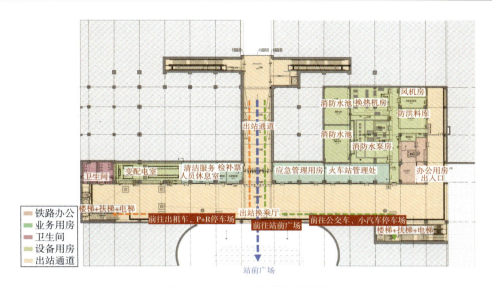

图 4-29 延庆站平时旅客换乘流线图

延庆站奥运期间进出站的流线设计具备普通旅客流线与奥运专用流线分离的条件，因为南站房的使用并未确定，目前站房为奥运预留的条件是，新站房的候车大厅可以根据赛时要求，分隔成两个候车厅，普通旅客和奥运注册人员可以分别进站，如图 4-30 所示。

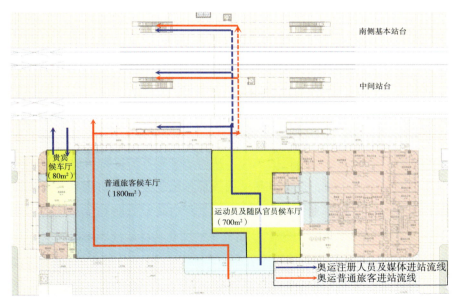

图 4-30 延庆站赛时进站流线图

4.3 蕴含文化信息符号的空间营造

《北京宪章》中曾提到过："文化是历史的积淀，它存留于建筑间，融汇在生活里，对城市的营造和市民的行为起着潜移默化的影响，是城市和建筑的灵魂。"高铁站作为城市中重要的公共建筑以及城市形象的展示平台，更应积极汲取地域特色、融合地域文化，以此展示城市的特性并彰显一个城市乃至一个民族的文化底蕴。

不同的城市都会在发展的过程中孕育各具特色的地域文化，同时在不同层面体现截然不同的城市特性，高铁站整体形象城市适应性的一个重要层面就是要充分挖掘地域文化的特色，并运用适当的方式使其在整体形象中得以表达。地域文化的内涵较为广泛，包含城市肌理、城市历史文化、城市地域特色、城市经济特色、城市民俗特色以及城市人文精神等方面，地域文化在建筑层面上的表达也受到自然因素、文化因素、经济因素和技术因素等因素的影响，因此恰当地提取地域文化元素与适当的表达方式便是整体形象适应性表达的基础。

随着时代的进步，人们对文化的认知与审美观念也随之发生变化，城市地域文化的内涵与表达方法也在不断地拓展与更新，高铁站整体形象对于城市特性的彰显不能只是简单地对地域文化元素进行复制和照搬，而是要汲取地域文化真正的精神内涵并与时代元素相结合，用恰当的形式回应传统文化，用理性的结构形式塑造崭新的建筑语境，并在对地域文化的延续中赋予高铁站新的城市文化内涵，引起人们的共鸣，从而实现对地域文化的升华。

高铁站的客流量巨大且流动性相对较强，因此高铁站可以成为重要的信息展示平台。信息展示既可以对产品或是商业信息进行宣传，也可以是对城市文化、城市发展情况、人性化的关怀标语等非商业信息进行展示，丰富城市的文化生活。信息展示的形式既可以是实体产品展示柜台、展板、展廊等实体形式，也可以是展示屏、VR 技术、3D 影像等数字技术形式，还可以通过空间的变化、建筑细部或者景观小品等建筑元素的营造来展示。信息展示的位置既可以在站房、换乘大厅等内部空间，也可位于站前广场甚至是站场等外部空间。信息展示要以不影响旅客的正常乘车和候车为前提，采用具有吸引力的展示方式，吸引一些活动带有随机性的旅客或者市民的关注，从而达到较好的宣传目的。专业的文化艺术机构服务对象往往是专业人士，而高铁站站内人员构成复杂、流动性强，因而其受众人群更广，既有专业人士，也有普通乘客。高铁站的文化空间专业性与完整性相对较低，但灵活性更强，可以实现乘客的"随走随看"。高铁站的文化传播功能既可以对高铁站环境进行有机调节，提升高铁站整体的文化层次和品位，同时也反映了一座城市的文化底蕴和内涵，从而有助于推动城市的精神文明建设。文化传播功能往往还能够吸引部分高消费人群，从而带动高铁站整体的运营，所以可以根据高铁站的功能定位与空间特征适当融入文化展示功能。

京张高铁是 2022 年冬奥会的运输保障线，同时也是致敬"百年京张铁路"的艺术文化线。京张铁路站房设计首次开展了全线文化艺术性研究与应用策划，让"百年京张"的铁路精神得以彰显，城市文脉得以延续。随着 2022 年冬奥会的来临，京张高铁将成为展现中国文化与铁路文化的重要的窗口，令世界瞩目。

4.3.1 京张文化的空间呈现

京张高铁文化性艺术性表达核心理念为"天地合德，百年京张"。"人"字形铁路是老京张铁路广为传播、深入人心的文化标识，展示新老京张所承载的"中华民族伟大复兴的中国梦"。将"人"字形铁路简化而来的文化元素人字纹与沿线各地的当地特色文化结合，融合到站房内部装修及装饰上，诠释历史文化的融合。京张文化设计还采用中国山水画元素，人与自然相通、空间与自然相通、人与天地相通、心性与天地相通；地理之于高铁无界，山水之于人心无界；世界万象，人心万象，皆无界于山水自然。设计采用中国传统色彩，遵循五色观的理念，与五行相关、与五方相配。汲取五色观理念，创作具有中国文化主张的色彩应用体系。苏州码子是老京张线的独有里程标识符号，是历史长河中闪耀的邻光，是中国人第一条自主建设铁路的印记。将苏州码子转化为极具视觉冲击力的艺术化形式，寓意着中国铁路源源不断的生命力。

北京北站文化主题为"通合"。"通合"二字准确地描述了京张文化在北京北站的文化特点。"应天以顺时，辨方而正位；乃相乃度，载经载营；贯天河而为一，与瀛海其相通；西接太行，东临碣石，巨野亘其南，居庸控其北；北通朔漠，南极闽越，西跨流沙，东涉溟渤。"历史上北京先后成为辽陪都、金中都、元大都及明、清国都，这里群英荟萃，闪烁古今，是祖国的名片，是文化交流与融合最核心的地方。北京北站地处北京市西二环，是京张高铁的始发终到站，是直达首都中心的交通枢纽。

以"通合"为文化主题，以京张高铁北京北站为载体，配以京张高铁 Logo，西直门老站房文化的延续、新京张站房、部分老机车、新机车（动车和谐号、复兴号、京张高铁复兴号），铁路桥隧、太阳、祥云、和平鸽、绿水青山等文化元素，图案的精致、比例的适当、色彩的和谐、造型的典雅，在浮光掠影中分享着感官视觉的愉悦，如图4-31所示。

图 4-31 北京北站文化元素

北京北站适应性改造文化创新以"天地合德，百年京张"为题，贯穿京张高铁文化主线的同时，突出视觉表达，充分显现首都北京"名都足迹"城市元素，极力展示京张高铁的"中国速度"，传递延续悠久的历史和时代气息。

围绕设计寓意，结合进出站检票流线及布置的优化、改造，在面向站台既有站房北立面设计制作了两块矩形仿石浮雕，对称中部门厅嵌贴：刻映有老西直门站遗址、既有北京北站、新老铁路动机车、京张铁路桥隧为主的成像，图样的中、远成象以阳光、绿水青山、大地衬托，祥云、和平鸽围合，镏金勾丝，仿石浮雕效果内涵流年，耐人寻味。令"百年京张""中国高铁奔驰在祖国广袤大地上"得以充分彰显、弘扬；站房北墙上"北京北站"牌匾，覆金色人字纹匾衬、镶颜体金色大字高悬于候车厅门正中，醒目庄重，高雅端庄，如图 4-32 所示。此手法大胆运用中华特有的文化思想的表达传统方式——楹联、牌匾，以两侧浮雕比作楹联楹墙，牌匾为横，提升了车站品位，异曲同工、概括直观，传达凸显出北京北站在京张高铁的功能、旅客心目中特有的定位。

图 4-32　北京北站实施后的站房北立面效果图

北京北站改造设计在既有北立面基础上优化立面造型增加塔楼及腰线，凸显立面进退关系，整合山墙面小窗的零碎感，增加"回"字纹、"人"字纹、站名牌匾及壁画浮雕等文化艺术元素，整合玻璃幕墙及门斗序列关系等。玻璃护栏、围挡、外门等部位增加丝网印刷京张 Logo 等文化元素。

北京北站通过落地标识设计展现高铁时代感，动静态标识在改造设计中结合现状及使用需求。本着醒目性、易辨性、合理性、整体性、连续性的设计原则，将动静态标识组合一体，以钢管立柱方式设于站台。综合安全、实用、美观、维保等需求，采用单柱钢结构，管线采用直埋方式，如图 4-33 所示。

站内新建站区围墙文化表达借京张西直门站房、既有北京北站房外墙的灰色基调，点缀铜仿旧金属质感 Logo，表达"点石成金"寓意；与站房北墙增设金色牌匾及浮雕相呼应，彰显百年京张铁路时空的绵延和深厚的文化内涵，如图 4-34、图 4-35 所示。

京张文化信息在清河站文化主题为"不息"。清河站是京张高铁主要始发站，老京张铁路诞生之际也恰是近现代中华民族自觉、自强不息的起点。自詹天佑始，中国铁路人的精神从京张线开始薪火相传，生生不息；取人与天地合德之自强不息精神，取中华民族图腾长城之自强不息精神，取百年铁路人之自强不息精神。

图 4-33　北京北站落地标识实景

图 4-34　北京北站新建围墙实景

图 4-35　西直门老站房实景

　　清河站的一层西进站集散厅文化应用与表达主要包括匾额、背景墙的主壁画、两侧折板墙的八连屏壁画，观光电梯及临空玻璃栏板的丝网印刷纹样。集散厅匾额采用方形几何的设计手法融合了京张铁路"人"字形概念。在体现现代感的基础上也不抛弃传统装饰纹样，表现方式采用从古流传至今的贴蛋壳手法作为站名的底纹，为清河站增添了雅致的艺术风格。西进站厅背景墙的主壁画表现出京张铁路精神的传承与弘扬。整块展板表达从老京张到新京张约110年的铁路建设发展历程，如图4-36所示。以文字、图片及二维码的形式呈现。主展板两侧设置四个展柜，通过展示新老京张建设过程中的珍贵文物，向广大人民群众宣传京张铁路建设者攻坚克难、自强不息、艰苦奋斗的伟大精神，也展示京张铁路这条标志性铁路历经沧桑旧貌换新颜的时代风貌。两侧折板墙上的十六连屏壁画，选取北京站、北京北站、北京南站、北京西站、星火站、丰台站、清河站和大兴国际机场站，如图4-37、图4-38所示。

北京建筑物的选取依照知名老建筑及自20世纪50年代至今北京市几次十大建筑的评选，按照分类，分别安排在8面折板墙上。二层候车大厅8个机电单元集中展示2008年以来的铁路客站、桥梁隧道等建设成就。主贵宾室的主题壁画利用艺术镶嵌大漆画来展现北京地标性古迹建筑、新建筑以及现代高铁动车组和桥梁的风貌，多种元素融合成一幅文化艺术内容丰富的艺术壁画，如图4-39所示。

图4-36　清河站西进站厅背景墙主壁画

图4-37　清河站西进站厅壁画实景

图4-38　清河站十六连壁画屏实景

京张高铁综合性站房建筑空间站城融合设计 **CHAPTER 4**

图 4-39　清河站主贵宾厅实景

　　京张文化以张家口站文化主题为"纽带"。张家口被誉为"长城博物馆",是现有长城所属最多的地区,长城是古时边带发展的纽带,张家口是古代中原和北地汉蒙商贸的纽带,也是当代中国连接京津,沟通晋蒙的纽带。高铁是中国城镇化发展的纽带。

　　张家口站的匾额创作突出了"人"的作用,广泛运用人字纹装饰,如图 4-40 所示。同样作为长城众多的地区,在装饰纹样方面也以连绵的长城元素为主。进站广厅墙面浮雕运用植物,高铁,长城,山,水,云等元素,进行浮雕创作,高铁是中国城镇化发展的纽带,条条纽带犹如繁茂的枝叶,延续,生长,寓意中国铁路发展无限的可能性与永动的生命力,如图 4-41 所示;综合服务中心墙面浮雕运用飘带,长城,高铁等元素,进行浮雕创作,表现茶马古道,塞北风光,如图 4-42 所示。在高架候车厅东西两侧商务候车室及特殊重点旅客候车区侧墙通透区域设置丝网印刷玻璃,反映地方特色文化;12306 服务台使用陶瓷马赛克壁画,主题为复兴号奔驰在祖国广袤的大地上。

图 4-40　张家口站匾额实景

133

图 4-41　张家口站进站广厅墙面浮雕实景

图 4-42　张家口站进站广厅综合服务中心墙面浮雕实景

"无界"是京张文化在太子城站的文化主题。中国文化讲求"天人合一""天地合德",讲究"山水画"之于人可行、可望、可游、可居;人与自然相通、空间与自然相通、人与天地相通、心性与天地相通是中国传统文化的至高追求。

候车大厅的吊顶设计中采用仿木色铝方通的形式,座椅也采用温馨的暖色调,铝方通造型间之间设置点状光源,自上而下由密减疏进行排布,形成雪花飘落的造型,体现建筑融入雪,山雪无界,点状光源形成云,山云无界,同时也形成了星星点点漫天繁星的效果,如图 4-43 所示。

地下一层候车大厅以山水文化为主题,正对主入口,设置有一副广袤无际、层峦叠嶂的群山与雪融为一体的主题壁画,壁画采用不同灰度的石材马赛克拼接而成,体现无垠、广阔、磅礴之感,代表了太子城站的山水风貌,如图 4-44、图 4-45 所示。

地下一层候车大厅内的 12 根柱子均为清水混凝土柱,柱子表面采用混凝土篆刻工艺,通过不同造型的凿子,制作深浅、疏密等山形肌理,用各种不同种类的铁刷子、金属毛轮调整肌理，以达到疏密相间的效果。篆刻的内容以太子城周边的山水风景为意向，12 根清水混凝土柱，图案各不相同，体现太子城地域文化特征，如图 4-46 所示。

图 4-43　太子城站候车大厅的吊顶实景

图 4-44　太子城站地下一层候车大厅主体壁画

图 4-45　太子城站地下一层候车大厅主体壁画实景

在地面拼装设计上，打破客站地面千篇一律的铺装形式，通过铺装的形式的设计，使其具有一定的功能性、文化性和装饰性，对客流起到一定的引导作用，分别采用铜材质、不锈钢材质并加入腐蚀填漆工艺，通过不同的材质和不同的尺寸灵活随机布置，融入京张 Logo、苏州码子、人字纹装饰图案、京张纪年、雪元素等文化符号，使整个候车环境更加活泼、跳脱，不同于以往车站呆板、沉闷的候车环境，如图 4-47 所示。

图 4-46　太子城站地下一层候车大厅 12 根柱子效果

图 4-47　太子城站地面拼装实景

一层夹层的商务候车室地面采用了代表京张文化的人字形地砖，人字形地砖以暖色调为主，与屋顶的仿木色铝条板的颜色相呼应，如图 4-48 所示。

图 4-48　太子城站一层夹层地面实景

4.3.2 奥运文化的信息呈现

2022年冬奥会的举办不仅是中国文化同奥运文化两种文化的碰撞，更是中国文化软实力的展现，是中国文化强国形象的树立。京张高铁作为此次文化彰显的重要载体，其空间的文化设计尤为重要，特别是清河站、太子城站、延庆站等与奥运赛场联系密切的站房空间。

清河站站台色彩设计采用中国传统五色，五色与五行相关、与五方相配，东南西北及中央对应五色，如图4-49所示。汲取五色观理念，创作具有中国特色的色彩应结合传统与现代奥运五环的"京张五色"，增强了站台的标志性与文化韵味。

五色水磨石铺地条带，短期呼应"京张五色"，长期亦增强空间识别性和区分度，如图4-50所示。

图 4-49　京张五色

a）

b）

c）

d）

e）

图 4-50　京张五色铺装

太子城站作为与奥运赛事联系最密切的枢纽站，文化的结合与碰撞主要体现在太子城站，太子城站文化主题为"无界"。中国文化讲求"天人合一""天地合德"，人与自然相通、空间与自然相通、人与天地相通、心性与天地相通是中国传统文化的至高追求；地理之于高铁无界，山水之于人心无界，奥林匹克之于人类无界，无论民族、国家，"每一个人都应享有从事体育运动的可能性，而不受任何形式的歧视，并体现相互理解、友谊、团结和公平竞争"（奥林匹克精神），共同分享自然资源、文化和精神。

太子城站坐落于2022年冬奥会的主赛区，建筑主体采用白色双曲线，与奥运的冰雪文化相呼应，顺滑的曲线与滑雪运动的速度与激情相契合，如图4-51所示。

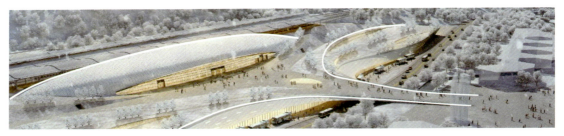

a)

b) c)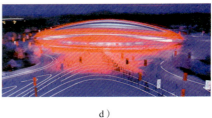

d)

图 4-51 太子城站效果图

太子城站内部装饰也与奥运文化紧密结合,比如综合服务中心与卫生间增加奥运元素的装饰画等,营造体育精神的室内氛围,如图 4-52、图 4-53 所示。

图 4-52 太子城站奥运题材浮雕实景

图 4-53 太子城站卫生间奥运图案实景

延庆站承载着冬奥会的重要综合服务职能,站房的装修设计以高铁站功能为主兼顾冬奥会整体风格,充分考虑生态环保、人文地理、智慧科技、安全便捷等元素;冬奥会时可采用临时软装形式突出冬奥风格,作为非竞赛场馆的氛围营造地,要充分考虑功能性、宣传性、服务性、安全性。在地下出站换乘通道布置海坨山风光的浮雕,以雪花、滑雪运动等元素进行点缀,彰显冬奥赛场风格。

4.4 建造技术突破与整合

日趋标准化的车站站型和旅客流线无可避免地造成了部分车站建筑形体设计的高度相似,而以立面效果出发的设计往往忽视与建筑内部空间的联系。通过创新性结构设计,强化结构逻辑与建筑形态、空间的协调共生，进而塑造出个性鲜明、内部空间与建筑形态有机融合的全新车站空间形态是京张高铁客站设计之初所秉承的设计理念。

4.4.1 建构一体化

当高铁站房承轨层以下为有建筑功能需要的使用空间时，承轨层需要结构支撑。目前有两种做法：一种是承轨层结构采用桥梁结构，站房结构与承轨结构分开为两个独立结构单元的建桥分离结构，这种结构处理方式的优点是高铁运行振动对站房结构的影响很小，缺点是承轨层以下建筑使用空间内有两种结构的受力柱，柱较多对建筑空间的使用有较大的影响；另一种是承轨结构与站房结构合用受力柱，采用建桥合一的结构体系，此种结构处理方式虽然对站房使用舒适度有影响，但其优点是将两种结构合二为一，实现建构一体化，建筑内部结构柱减少，从而为建筑提供更宽敞的使用空间。

京张高铁清河站为铁路综合交通枢纽工程，基本站台为城市轨道交通 13 号线双线，国铁 4 台 8 线，其中 2、7 线为正线兼到发线。总建筑面积约 28000m²，枢纽平面长度 660m，其中主站房范围宽约 175m。主站房地下二层，地上二层，局部三层，从下到上分为城市轨道交通站台层、城市轨道交通换乘厅、高铁站台（承轨）层、高铁候车厅及大跨钢屋盖，采用建桥合一的结构体系，如图 4-54 所示。

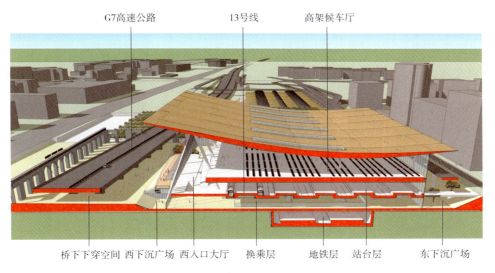

图 4-54　清河站剖切面透视图

清河站主站房地下两层、地上两层（局部三层），主站房结构采用建桥合一结构体系，结构与承轨桥梁的柱墩共用结构柱，站台承轨层桥墩之间完全独立，列车轨道梁及站台板结构通过支座在桥墩盖梁顶部连接，高架候车厅钢管混凝土柱下插于桥墩柱，结构从下到上形成"钢筋混凝土框架—承轨层桥墩—钢管混凝土柱钢框架—大跨度钢桁架屋盖"的建桥合一的复杂高层结构，如图 4-55 所示。

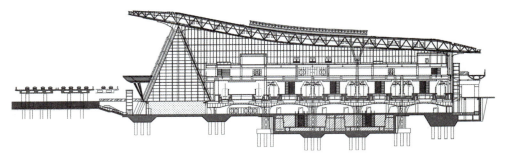

图 4-55 清河站主站房典型剖面图

地下一层换乘大厅，为了减少结构柱的数量、提升室内净高，设计为清水混凝土预应力桥柱及冠状曲线盖梁承托预应力轨道梁及钢筋混凝土站台梁板结构，同时嵌固上部站厅的钢管混凝土柱；建桥一体的结构形式使地下一层室内柱距达到25m，梁下净高最高处为4.7m。

地面以上采用钢结构，由A形柱、Y形柱、直柱三种竖向支撑承托顶部大跨度悬链型钢桁架屋盖，最大跨度84m，最大悬挑18m，三种柱子如图4-56所示。其中A形柱西侧支腿倾斜角度与建筑仰斜角度吻合，巧妙地将结构构件融合于建筑立面，同时为结构体系提供了有效的抗侧力支撑及竖向支撑；Y形柱为候车厅争取了更宽敞舒适的使用空间，丰富了室内视觉效果，同时减小了屋面两跨主桁架的结构跨度，为屋面结构提供竖向支撑；直柱实现了建筑东侧立面的效果，同时为屋面结构体系提供竖向支撑；悬链型主桁架梁避免二次结构找形带来的造价增加及施工难度。结构体系独特，外露构件使用虽少之又少，却处处精致美观，增强了细部设计的表现力。

a）A形柱　　　　　　　　　b）Y形柱　　　　　　　　　c）直柱

图 4-56 清河站A形柱、Y形柱、直柱实景

清河站大跨度空间结构体系在建筑内清晰表达，不仅创造出通透简洁的室内外空间，还强调了结构的形式美、简洁美、力量美；既为旅客提供了舒适开敞的候车通行环境，又实现了功能与结构的完美结合，满足了交通建筑对旅客流动性、方向性和设施布置灵活性的特定要求。

交通枢纽建筑功能复杂、人流量大，过往旅客尤其是高峰时段的滞留旅客，往往会感到混乱和压抑。为提供温馨舒适的环境给旅客，减少空间的围合感和封闭感，清河站采用室内外一体化的设计手法，增强了建筑的开放性、联通性和引导性。

4.4.2 建筑平移

清河火车站（老站房）建于 1905 年，作为京张铁路车站之一，就历史价值而言，老站房具备文物的属性，是值得珍视的文化遗产；就科学价值而言，老清河站作为京张铁路车站之一，每一处细节都反映了当时的科技水平；就社会价值而言，京张铁路代表了国人攻坚克难、自强不息、艰苦奋斗的伟大爱国精神；就艺术价值而言，是晚清和民国时期"西学东渐"的重要体现，简洁的里面对称的布局处处透出古朴而凝重的建筑美感。

老清河火车站站房在平面内呈"矩形"布置，长向约为 20.0m，短向为 16.0m，檐口高度为 3.90m，室内外高差为 0.15m，建筑面积约为 300m²，墙厚均为 280mm（砌体用砖尺寸为 280mm×135mm×60mm），在开间方向上砖柱柱距为 3.75m，在进深方向上砖柱柱距为 4.42m，主要承重砖壁柱有两种界面形式，分别为 L 形角柱（截面尺寸为 410mm×410mm×820mm）和矩形边柱（截面尺寸为 410mm×820mm），如图 4-57 所示。

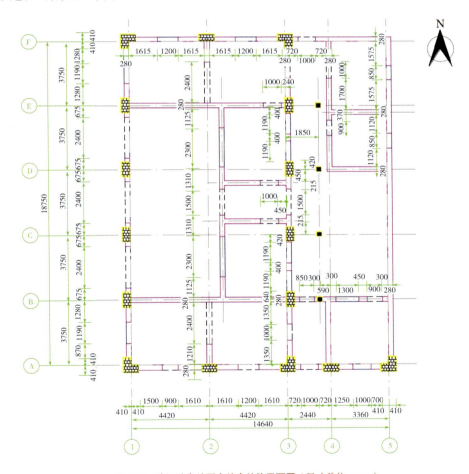

图 4-57　清河站车站历史站房结构平面图（尺寸单位：mm）

站房屋架形式为三角形木屋架，主体区域屋面为彩钢波纹板（后期改造），东侧附属房屋屋面为水泥瓦（原状），屋架上下弦杆和腹杆均为木质杆件，杆件节点处均为榫卯加螺栓连接,屋架直接坐落在承重壁柱上,两者之间无有效连接,屋架间采用檩条和斜撑连接。

此前相关部门对建筑结构进行过翻建及加固补强处理,如对承重砖壁柱角部包角钢(截面尺寸为50mm×50mm×4mm)、外墙檐口区域增加[14槽钢圈梁(截面尺寸140mm×58mm×6mm)、屋盖板采用彩钢板、局部门洞口改为窗洞口等。

通过现场对地基基础开挖检查判定该建筑基础为混凝土条形基础,基础埋深2.3m,柱下基础宽1m,墙下基础宽为0.58m,如图4-58所示。

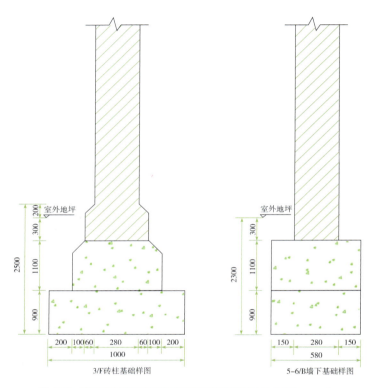

图4-58 清河站车站历史站房地下条形基础样图(尺寸单位:mm)

为了实现对历史站房的保护,采取异地搬迁保护方案,将老站房平移修缮后作为博物馆永久保存,用于展示京张文化,如图4-59所示。

为保证结构在平移过程中具备较好的整体性和稳定性,以抵抗在平移及暂放等过程中可能遇到的扰动,需要在整体迁移前对老站房原结构进行加固。主要加固内容包括:钢骨架体系临时加固、内墙墙面加固、上部木屋架加固以及薄弱点加固。

同时,老站房整体平移还采用了基础托换,又称托换技术,指既有建筑物进行移位或加固改造时,对整体结构或部分结构进行合理托换,改变上部荷载传力途径的工程技术。整体移位工程托换结构的主要作用是将上部结构的整体性和刚度增强,以保证移位时的结构安全。托换结构为抵抗各种荷载产生的内力和变形,实现安全的整体托换,应具有足够的刚度和承载能力。

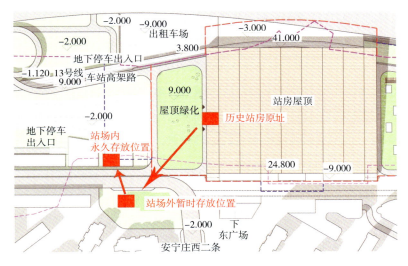

图 4-59　清河老站房异地搬迁保护方案示意图

清河老站房的整体平移采用抬梁托换方法，具体做法是在砌体托换部位穿横向抬梁，抬梁两端支撑在加大的基础上。这种方法被改进为双夹梁式墙体托换方法，由墙体两侧的夹梁和用于拉结两侧夹梁的横向拉梁组成。托换方法在施工过程中，利用了砌体的"内拱卸荷作用"，在托换完成后的传力中仍靠该作用传力，同时利用夹梁和砌体接触面的摩擦力。

4.5 以人为本的智能运维

注重站房功能、技术和艺术的完美结合，从以人为本的角度出发，实现站房"智能便捷"运行。开展智能化、信息化运维管理技术研究，加强软硬件结合，从绿色出行、智能票务、导航、安检、候车、求助、差异化服务和特殊人群服务等方面出发，提高旅客的乘坐体验，促进站与城的交通融合。

4.5.1 基于安检互认的智能畅通

高铁站内相衔接的各种交通方式，各道安检程序检查的往往是同一批旅客、同一批行李，如果能够对旅客进出站通道和安检关口科学设计，完全能够避免旅客不必要的出站进站安检，实现旅客在不同交通方式之间的封闭环境内流动，实现安检一站通过。在这种情况下，一次安检的安全效果与多次安检的安全效果是相同的。实现这一目标，既需要硬件方面在最初设计中对车站的进出站通道、安检关口进行优化，又需要在软件方面统一各个交通枢纽场所的安检标准。

为了实现国铁、城市轨道交通一体化换乘、顺畅通达的需求，达到简化进站流线、一票制、一次安检的目的，进一步实现站与城的交通融合，清河站与张家口站在硬件方面已经优化设计的基础上，软件方面也能够实现国家铁路、城市轨道交通的安检互认。

清河站的城市换乘通廊是实现国铁、城市轨道交通、市郊铁路实现安检双向互认，旅客只需一次安检即可畅通无阻换乘其他交通方式的基本条件和保障。

通过在城市通廊四角设置共享安检口，将城市轨道交通站厅、国铁换乘厅、国铁东西出站厅局部、预留快速进站厅、市郊铁路进站厅等全部纳入安检互认区并设置旅客免安检设备设施条件，如图 4-60 所示。从而实现了真正的无缝衔接、便捷换乘，极大地提高了旅客出行效率和车站服务水平。

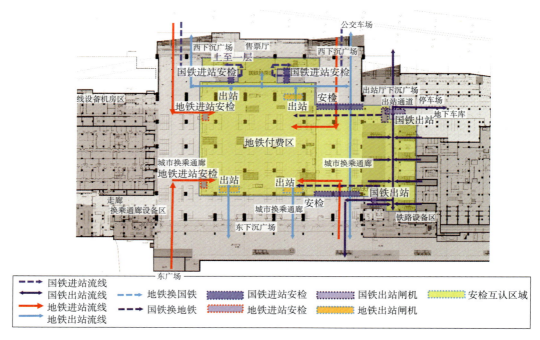

图 4-60　清河站站内安检互认流线图

4.5.2　站房智能管理控制设计

京张铁路线的站房智能控制管理设计主要分为两个方面：

（1）建造时的技术应用及集成创新（以清河站为例）。

清河站是京张高铁条件最苛刻、交通方式最多，工程建造最复杂的车站，代表了当今智能高铁站房建设的最高水平，同时也符合铁总"智慧铁路、智能站房"的重要精神。在建设过程中，施工单位中铁建工集团在标准化管理、智能化建造、专业化施工中探索出一条集成创新之路。

（2）建造后使用时的能源管理。

京张全线站房设计采用了基于 BAS 的能源管理系统，这是为了落实习总书记绿色办奥运的重要指示精神，扎实推进京张高铁建设"精品工程、智能京张"及"畅通融合、绿色温馨、经济艺术、智能便捷"的客站建设相关工作要求，打造保护环境和节约能源的示范工程，全面提升铁路站房运营期节能减排和管理现代化水平。

1）清河站的集成创新设计

清河站的集成创新设计其主要做法为：

（1）强化信息集成，迈向智能化建造。

清河站搭建了"多维铁路站房工程信息平台"，集成安全、进度、质量、人员、环境等大数据，实现了网页、移动、服务器多终端共享，构建了"五位一体"的信息化体系。清河站开发应用了二维码质量追溯系统、全员劳务管理系统等信息化软件系统；大力推进智能化装备应用，常态化运用各类机器人、无人机、数据库等智能化技术，显著提升了安全质量管控效能。此外，从旅客角度出发，为清河站选用自动遮阳百叶系统，主动感知太阳实时高度角和方位角，精准调节百叶角度，确保乘客候车舒适；在卫生间设置智能安全门，通过语音提示、生命体征监测等为旅客提供更加贴心的服务。

（2）强化模块集成，推进标准化管理。

在清河站建设过程中，制定修改完善各类项目管理制度、管理规范、工序管理流程等52项，涵盖了精品工程、智能管理、过程管理、现场管理、综合管理5大板块和45项独立应用模块。同时，还着力抓好标准、制度、流程、职责、培训、评价6个环节，完善工作制度化、管理程序化、责任矩阵化"三化"机制，严格落实总体规划方案、装修装饰方案等各项规则，强化过程控制，保证工程施工高效推进。特别是加强了对关键部位、关键工序、关键节点的质量和进度管控，通过严格执行各项管理制度，确保质量目标全面实现。

（3）强化技术集成，践行专业化施工。

在清河站的设计过程中，借助BIM技术进行图纸会审，统筹规划各类机房、设备、管线，以提高设计质量和精度；建立三维BIM模型，优化平面布置、空间布局，模拟拼装、虚拟施工，设置管道夹层、机电管廊，最大程度实现机电与土建一体化施工；对各类设备进行三维建模，在模型中调整管线的三维空间位置，解决施工中可能发生的错漏碰撞；进行三维场地平面布置，切实保障安全防护，确保工程质量一次成优。其次，借助TEKLA软件进行钢结构深化设计，采用"虚拟拼装+工厂预拼装"方式，从源头上保证钢构件加工精度，钢结构配件、零部件全部实现工厂化生产；严格工序验收，实现候车大厅A型、Y型、I型柱，屋面H型钢桁架的精准对接。此外，运用"桥建合一"综合施工技术，统筹屋盖层及候车层钢结构吊装、承轨层及站台层混凝土结构施工，搭设重型钢栈桥作业平台，形成空间立体同步施工局面，确保安全的同时缩短工期40天。

2）基于BAS的能源管理系统应用

近年来，越来越多的机电设备及子系统应用到高铁站房中，如电动开启窗、电热风幕、电伴热、电动百叶、能源管理系统（远程抄表）等，多为人工控制或独立控制，管理不便且能耗浪费较大。仅对空调通风、照明和扶梯等常规机电设备进行监控的 BAS 系统，已经不能满足智能运营管理节能减排的要求。所以京张全线站房设计采用了基于 BAS 的能源管理系统。

（1）基于 BAS 能源管理系统是一个全新的应用集成系统，是一个综合性的针对现代化站房智能建筑设备的运维管理和应用平台。其突破了原有 BAS 控制理念，除了对车站内的空调通风、照明、电扶梯、给排水、低压变配电进行监控外，还对电热风幕、电动开启窗、电动遮阳百叶、电伴热、充电桩、电开水器等用电设备进行监控，涵盖了车站内的所有用电设备，如图 4-61 所示。能源管理系统与其他各子系统的数据通信通过 BAS 平台连接起来，通过内部集成及外部集成的方式，实现对子系统的能耗进行智能分析，通过 BAS 进行控制，达到节约能耗，和实现对子系统安全、合理、科学化的管理。

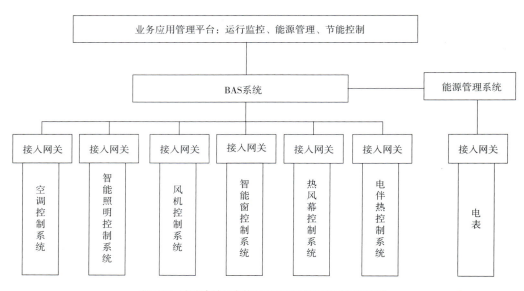

图 4-61 京张高铁站房基于 BAS 的能源管理系统结构图

（2）借助于该系统，管理人员能够及时、方便、直观地了解站房中各类能源和各项能源的使用情况，掌握能源使用中的问题，找出耗能点，更加合理地分配和调度管理能源，同时作为节能减排、管理能源的重要手段。该系统能够对电气设备的运行及状态的安全性、合理性进行实时监控及科学化的管理，通过精细化控制，实现显著的节能效果，达到可观的节能收益。基于 BAS 能源管理系统同时为高铁站房运营提供数据支持及解决方案。

京张高铁站房地处北方寒冷地区，四季分明。通过对空调通风、照明、电扶梯、给排水、电热风幕、电动窗、电动遮阳百叶、电伴热、充电桩、电开水器设备等采取相应的控制策略后，预计节能 10%～15%。

基于 BAS 的能源管理，是一个系统工程，需要建筑、给排水、暖通空调、电力、信息等专业密切配合。现阶段，它还是依靠工程师进行逻辑设定的专家型系统。下一阶段的研究目标是运用高铁站房运行中的各数据进行全面检测和分析，不断优化高铁站房内各子系统的控制策略，从而使该系统变成一个智慧的、非单一功能的、融合变化的、可成长的、可自主学习的智能系统。

# CHAPTER 5
>>> 第 5 章

基于站城融合的京张站房建设后评价研究

POST-EVALUATION RESEARCH ON THE CONSTRUCTION OF BEIJING-ZHANGJIAKOU HIGH-SPEED RAILWAY STATION BUILDING BASED ON STATION-CITY INTEGRATION

5.1 京张高铁站城融合的评价内容

开展京张高铁建筑规划后评价研究的意义主要体现在：随着城市化进程的推进，以及京津冀区域一体化的发展，我国城市的交通模式越来越趋向混合化、多元化发展。而京张高铁作为城市重要综合交通枢纽而产生强大的集聚效应，与城市的发展相互影响。

站城融合发展是指城市结合自身条件，依托铁路发展的溢出效应，因地制宜地采取措施实现铁路客站及其周边区域协同发展的策略，最终形成铁路建设带动城市发展，城市发展反哺铁路建设的双赢局面。

运用"站城融合"理念指导京张高铁设计建设，使其以"交通枢纽＋城市综合体"的模式与城市在交通、社会、环境等方面建立良好的协同关系，从而满足目前城市紧凑化发展、高铁规模化建设和民众多元化生活的综合需求。该理念对于我国城市可持续发展及铁路交通更新发展具有积极意义。

5.1.1 使用后评价的特征

我国项目后评估起步较晚，开始于20世纪80年代中后期。使用后评价（POE）内涵是对建筑在建成并使用一段时间以后，对目标、实施过程、效果及影响所进行的一套严谨的、系统的、公正的评价程序和方法。其目的是通过比较建筑设计的初衷和实际使用状况的区别，重点从建筑使用的社会效益、环境效益、经济效益和可持续发展能力等方面对建筑进行整体的影响评估。其特征是：

（1）反馈性，在建筑建成后使用一段有效时间后进行公正、客观地评估。

（2）现实性，评估的内容比较使用的实际性能和预设目标的差距，评估是否达到预期效果。

（3）指导性，能否满足使用需求、实际效益目的的最大化，并对新项目的设计、实施、管理、运行等提供指导性意见，提高设计者、管理者、建设者的整体能力水平。

5.1.2 站城融合的评价对象

使用后评价离不开对评价主体的考察与分析。首先是使用者（乘客、司乘人员及车站工作人员）的行为习惯及其对环境的态度、对评价客体的情感和需求都将影响到评价结果。其次是，通过前期所获取的问题与专家进行访谈确定评价指标权重。

评价对象是指基于站城融合背景下对京张高铁站房的使用后评价，根据不同站点的特殊性进行相关方面的评估。对建筑及功能空间进行结构处理，直至分解出影响评价的因素。着重关注京张高铁线路的综合性站房，使其发挥最大的功能区位优势。

铁路客站作为重要的城市子系统，在城市可持续发展中发挥着重要作用。通过"站城融合"理念指导客站规划建设，重塑客站功能体系，引导站城双方在交通、社会、环境等方面良好协同，在满足城市运作、民众需求的同时，提升客站自身的功能价值与发展空间。

5.1.3 站城融合的评价内容

从京张高铁站房站城融合的评价目标和建成站房与城市衔接情况的双向维度建立评价指标体系，从中提取针对具体站点的评价指标。以评价"站与城"的关系为根本出发点，结合具体站点的具体情况，进行分类评价。"站城融合"立足于站城之间的整体关系，从区域、城市、场地、建筑等层面引导两者系统融合、有机协调。推动当代城市可持续发展，需要以铁路客站为中心，通过"站城融合"理念，从交通、社会、环境等方面引导客站的规划建设，以完善和提高客站的功能体系与价值内涵，良好满足交通建设、城市发展和民众活动等需求，实现站城之间的良好协调与铁路客站的更新发展。

京张高铁以综合体形式将车站打造成开放的动态系统，从交通、功能、环境等层面与城市保持良好协调。

5.2 京张高铁站城融合的评价目标

根据国家发展战略及行业发展趋势并结合京张高铁自身发展优势及特点，以京张高铁站城融合为总目标进行评价。切实响应国家土地节约利用、生态文明建设、城镇化、四网融合、交通强国等战略意义结合京张高铁发展目标确定京张高铁站城融合的评价目标。分别从京张高铁的社会效益目标、经济效益目标、环境效益目标对京张高铁站城融合进行科学、系统、客观地评价。

5.2.1 社会效益目标

京张高铁站房规划布局的社会效能影响主要体现在铁路客站规划布局与城市总体规划的协调性上。与城市总体规划的协调性又主要包括京张高铁建筑布局与城市空间发展战略的协调性、与城市土地利用布局的协调性、与城市内其他对外交通枢纽的协作性、与城市中心的空间距离的合理性、客站规模与城市未来发展的适应性等。

利用京张高铁原地面铁路线空间规划，成为城市景观绿化带，有效改善城市环境，提高居民幸福指数。利用沿线京张铁路旧线改造成的京张铁路遗址公园将连通铁路沿线原有绿地，将郊区绿色引入城市；通过景观一体化设计，将绿化景观、城市广场、交通休闲功能统筹考虑，增强京张高铁沿线周边居民和旅客与铁路、车站便捷沟通的同时，创造良好的城市休闲空间。京张高铁作为京津冀协同发展的重要沟通方式，社会意义巨大，为打造一小时生活圈奠定了交通基础。京张高铁社会效益目标将从社会服务功能、满足多层次出行、改善城市交通状况等方面进行进一步评价指标的细化。

5.2.2 经济效益目标

在京津冀协同发展的趋势下，京张高铁的发展不仅能促进区域间人才、信息、资源的流动，还能增强地区间分工协作，带动经济快速发展，对地区城镇群的空间结构产生影响。同时，京张高铁客站周边片区由于交通可达性的增强，形成客流和产业的集聚，从而提升了周边片区经济的活力。结合交通换乘的客流特点，自发性的商业模式能高效的与复杂的客流环境相适应，在时间、消费人群、消费方式和交通方式等方面，适应复杂多变的交通性质的客流，从而更好地让商业空间和交通换乘结合起来，进而带动周边经济的发展。京张高铁建设，作为新型建设的投入，必将带动相关行业及领域的发展和壮大，同时给社会带来更大的经济效益。京张高铁经济效益目标评价将从区域经济发展、带动相关产业发展等层面细化评价指标，并根据区域交通接驳性、车站间协作性、建筑空间交通换乘等二级指标进行评价。

5.2.3 环境效益目标

环境问题已成为当代全球的热点关注问题，伴随中国生态文明的建设的推进，中国铁路发展也必将顺应时代潮流，注重低碳环保理念的落实，促进我国生态文明建设。京张高铁客站作为城市中具有一定标志性的大型公共交通建筑，在规划设计之初对城市的地域风格、城市环境、文化元素、景观环境统筹考虑，建成后对城市环境产生了积极的影响。

京张高铁是时代发展的产物，建设时坚持土地集约化理念，例如清河站采用并场设计、紧凑布局、缝合城市等设计手法。此外，京张高铁在规划、设计、施工、运营及管理的全过程中，以环境价值为尺度，运用绿色技术和管理手段，在确保运营安全、快捷、高效的前提下，不断减少对生态环境的破坏和资源、能源的浪费，对土地资源整合利用，集约土地，使环境保护、节能减排、人文景观、安全舒适等方面达到人与自然、社会的和谐，是具有良好经济效益和可持续发展能力的高速铁路。京张高铁环境效益目标将从生态环境协调、发展可持续性、城市文脉延续性等方面进行细化指标评价。

5.2.4 京张高铁客站评价体系构建

围绕站城融合的核心内容，从京张高铁车站与北京、张家口等多个城市的关系入手，以评价社会效益、经济效益、环境效益为目标，建立从区域、城市，到场地、建筑的一级评价指标。其评价具体内容见表5-1。

京张高铁客站评价指标　　　　表 5-1

评价方面		评价指标			
		区域	城市	场地	建筑
		区域一体化评价	与城市总规的协调性评价	与周边城市空间衔接性评价	建筑空间一体化评价
社会效益	城市服务功能	区域边界弱化性（区域时空距离缩短）	城市综合能力	场地内停车空间	建筑空间舒适性
	满足多层次出行		城镇化建设程度	场地内站点布置	建筑空间组织流线
	改善城市交通状况	增进区域人员交流	客站与城市中心的距离	车站广场的业态分布、可达性	建筑空间标识性
经济效益	区域经济发展	区域交通接驳性	市域车站协作性		建筑空间交通换乘距离
	带动相关产业发展	区域运输方式协调性	城市旅游业联动	推动铁路建设行业发展	空间功能业态面积配比
环境效益	生态环境协调性		土地集约节约利用	场地内环境质量水平	建筑体量形态与环境关系
	发展可持续性		站城融合预留可持续	场地内绿化空间	创新技术应用
	城市文脉延续性		全线文化定位	站区文化信息呈现度	建筑空间文化信息认知度

5.3　京张高铁客站站城融合使用后评价指标体系

5.3.1　区域一体化评价

以北京为核心的首都经济圈涵盖京津冀大部分地区，现已成为我国城镇分布最密集、经济发展速度最快、经济总量规模最大、综合经济实力最强的三大经济区之一。因此，为适应京津冀地区经济高速发展的要求，为解决目前各城市之间联系主要依靠公路，城际交通结构单一，难以满足不同层次旅客出行需求的问题，2015 年 12 月 8 日交通运输部联合国家发展和改革委员会编制完成了《京津冀协同发展交通一体化规划》，强调京津冀交通一体化是京津冀协同发展的基础和先导。而京张高铁的建设则有利于构筑安全、高效、舒适的京津冀一体化交通体系，缓解该地区交通运输紧张的状况，满足沿线城镇之间旅客快速出行的需要，以及全面提升京津冀地区在世界都市圈中的综合竞争力。

1）区域间交通接驳便捷性评价

高铁车站的建设将有利于站点周边区域的发展，其中站点良好的可达性是使车站成为推动周边区域开发的关键，而高铁客站周边区域良好的可达性则主要依赖于与车站接驳的交通系统。与一般站的评价不同，由于综合站的交通接驳更加复杂，所以综合站的评价应更注重对多种交通方式接驳的考量，考察其是否加强了各区域间的联系，是否有效地解决了站房人流拥挤的情况。

在铁路客站与市内交通衔接方面，地面公交系统是铁路客站内外交通衔接的重点，轨道交通和出租车则是大城市铁路客站内外交通衔接的重要方式。其中，京张高铁的建设就使得沿线站点周边区域交通接驳便捷性成为可能。例如，清河站是铁路客运、城市轨道交通与地面公交系统及包括出租车、小汽车、慢行等其他多种地面交通方式相互衔接的综合客运交通枢纽。同时，清河站也作为城市轨道交通的中途站点，为周边居住区与产业用地的出行提供服务，并加强了该区域南北向的交通联系。

因此，我们未来将依据数理统计结果及模糊综合评价方法等进行定量的数据统计和分层评价，并比较分析一般站与综合站区域交通接驳情况的不同及影响因子，最终希望得出优化结果来指导区域间交通接驳设计。

2）区域间界线弱化/区域间时空距离缩短（时间、空间心理距离缩短）评价

京张高铁建立了分圈层交通发展模式，推动以北京为中心的京津冀地区"1～2小时交通圈"的迅速实现。其交通线路的增加使区域间的可达性不断增强，也使各区域间的界线逐渐弱化，因此，其主要评价内容为：评价京张高铁由于速度的提升带来的时空心理距离的缩短。

随着我国高速铁路网络的逐步形成，以及京津冀区域规划的不断完善，京张高铁的建设将使京津冀地区城市间的时间距离大大缩短，客流快速运送能力大大提升。此外，高速铁路的开发也将带动京津冀三地的人员流动，促进沿线区域的景区旅游收入和游客人数增加，同时，客流交互的增加势必将提高京张高铁沿线的社会经济的发展。

京张高铁是京津冀城际铁路网的重要组成部分，对于加强京张两地合作具有重要作用。京张铁路的修建，不仅有利于加强两地间的经济联系、促进京西地区旅游发展，还对改善沿线地区交通运输条件、全面满足沿线地区日益增长的运输需求等具有重要意义。同时，本线与拟建崇礼支线还构成了北京市区至冬奥会崇礼赛区的交通基础设施，本项目的建设也是成功申办2022年冬奥会，建设交通基础设施的需要。

因此，我们未来将采用实地勘测及半结构性问卷调查的方法，通过定性定量的评价方法，从通行的具体时间和距离以及乘客的实际心理感受来评价区域间界线弱化程度。

3）区域间运输方式协调性（运量、运力）评价

京张高铁各区域间运输方式协调性，其主要评价内容有：综合站运力、运量的竞争力，以及京张高铁线路的运营对其他路线压力的疏解情况。

京张高铁不仅在速度上具有竞争力，而且具有运量大、能效水平高、低排放的优势，有利于提高运输效率和改善环境。京张高铁的建设有望打破原有铁路客运周转能力的瓶颈，带来铁路客运的爆发式增长，而重点线路的客货分流也将极大提高铁路货运的能力。京津冀区域路线情况具体如下：

（1）京津冀区域铁路主要有京包、京通、京原、丰沙、京广、京九、京沪、大秦等干线，2013年底铁路通车里程1351.7km，路网密度617.2km/$10^4 km^2$，远高于全国107km/$10^4 km^2$的平均水平。

（2）京津冀区域公路主要有 G101～G112、G205、G207、G306、G307 国道，京新、京哈、京沪、京港澳等多条高速公路，2013 年底公路通车里程 40336.4km，其中高速公路 1293km。

（3）京张高铁运力需求在清华园隧道南延后，普速车由北京北调整至清河站办理，北京北站将承担北京至延庆、崇礼、蒙西、西北、蒙东等地的动车组始发任务。近、远期始发车分别为 83 对 / 日、125 对 / 日，远期高峰小时发送量 6000 人，最高聚集人数为 5000 人。

因此，我们未来将根据区域间具体的运输流线，采用数理统计的方法从运量及运力等方面评价区域间运输方式的协调性，同时评价京张高铁的运行对该区段的路线压力缓解情况。

5.3.2 与城市总规的协调性评价

京张高铁规划设计引入站城融合理念，将客站系统纳入城市空间，使客站在交通、功能、环境等方面满足城市和民众的综合需求，从而构建良好的站城协同关系。而要推动站城融合理念下城市建设及可持续发展，则需要在站城关系的处理中引入协同理念，建立多元化的站城协同方式，即从单一的交通协同发展成为全面的功能协同。其中，协同理念是指以统一观点处理系统内部的相互关系，推动结构与功能良好协调，以提高整体运作效率与协同效益。

1）土地节约集约利用评价

随着国家在经济、社会、环境等方面上发展理念的转变，绿色交通体系的建设已逐渐成为推动城市可持续发展的重要环节。同时，为顺应国家土地资源节约集约化理念，建设新型高铁的重要性及优势日趋凸显。

京张高铁沿线地区土地资源相对匮乏，2012 年人均耕地面积为 1.76 亩，是全国平均水平的 1.2 倍，土地资源比较宝贵，因此必须合理利用土地资源。根据测算，京张高铁的用地宽度仅为四车道高速公路的一半；在相同运量条件下，京张高铁占用土地资源也仅为公路的四分之一，公路能运紧张，京张高铁对于缓解公路运输能力紧张和节约土地效果显著。

因此，我们未来将根据技术图纸及现场勘测，评价不同客站土地集约节约利用的情况，分析京张高铁客站建设及改建是否根据基地现况进行了土地集约利用。

2）市域车站间协作性评价

过去的铁路客站功能单一，仅仅只是作为铁路运输的终端，侧重于铁路的交通功能。而当代的铁路综合体则更加注重车站与整个城市、整个区域的交通规划融为一体，使客站成为城市和区域内外交通的衔接体和各类交通工具换乘的枢纽中心。在注重效率的今天，铁路综合体已逐渐成为集多种交通工具的分配平台，是城市内部交通网络和外部交通网络的换乘节点。

京张高铁以综合体的形式将车站打造成开放的动态系统，并从交通、功能、环境等层面与城市保持良好协调。各客站充分利用其区位优势，通过整合城市内外交通从而构建综合枢纽，成为城市交通网络的核心节点，满足站城融合的基础"需求—交通"协同。

因此，我们未来将根据车站性质、相邻车站距离以及车站间线路换乘情况等，采用数理统计及层次分析等方法来评价市域车站间的协作性,分析采用铁路综合体的客站形式是否加强了城市交通的协同性。

3)与城市中心的距离评价

京张高速铁路全线共设 10 座车站,其中北京北站、清河站、沙河站(不办理客运)、昌平站、八达岭长城站在北京市内,其余车站包括东花园北站、怀来站、下花园北站、宣化北站、张家口站均位于张家口市,另有崇礼支线起于下花园北站,终至崇礼太子城奥运村。

车站与城市中心的距离按照拟定的距离指标,预评价站城融合程度与车站距离城市中心远近的关系,拟定距离指标见表 5-2。

车站与城市中心的距离及相应的指标等级　　　　　　　　表 5-2

距离指标尺度(km)	1～15	15～30	30～45	45～60	60～75	75～90	90～105
距离指标等级	1	2	3	4	5	6	7

车站距城市中心距离与拟定距离指标等级关系见表 5-3。

车站距城市中心距离与拟定距离指标等级关系　　　　　　　　表 5-3

车　站		距北京市中心距离(km)	距张家口市中心距离(km)	距离指标等级
北京市	北京北站	6.67	—	1
	清河站	17.11	—	2
	昌平站	36.65	—	3
	八达岭长城站	60.88	—	7
	延庆站	69.31	—	7
张家口市	东花园北站	—	92.78	7
	怀来站	—	75.18	6
	太子城站	—	50.12	4
	下花园北站	—	48.88	4
	宣化北站	—	24.35	2
	张家口站	—	6.94	1

因此,车站距城市中心的距离不同势必会对站城融合的程度有所影响,未来将根据距离指标等级采用横向对比的方法,从城市的角度主要评价不同站点与城市中心距离对站城融合程度的影响。

4)站城融合预留可持续性评价

中国高速铁路在科技创新上的每一次进步均反映出中国铁路对可持续发展理念的坚持,因此,当代客站的规划建设也应坚持可持续发展理念,立足现实环境。在对客站进行规划时,应对其设计定位、选址规划、场地开发、建筑设计及功能布局等进行合理指导,以提高客站与城市在环境、功能、资源等方面的统一性与协调性,强化京张高铁客站对城市环境的适应力,降低客站介入城市产生的不利影响,并提高客站枢纽的建设周期与使用年限,从城市层面确保站城关系的良好协调与长远发展。

绿色、节能、环保也是新时代站房设计的必然趋势和要求,京张高铁站房设计时,践行低能耗、低污染、低排放的设计理念,以期实现工程建设与社会环境的可持续发展。同时,京张高铁也是系统采用铁路绿色建筑标准进行设计并评价的首条线路,所有站房均达到二星绿色铁路客站标准。

因此,京张高铁的可持续发展理念在站房设计上主要体现在注重对环境的协调性及适应性,以及建立与环境的有机联系及平衡发展。我们未来将结合城市总规,并采用实地勘测的方法,评价京张高铁在站城融合设计理念下,规划建设时环境的协调性。

5)城市旅游业联动评价

作为京张高铁线路的起点,北京拥有众多的天然风景资源和历史悠久的人文旅游资源,沿线境内国家级风景名胜区、旅游景区密布。随着本地区居民生活水平提高、沿线地区经济快速发展和城市间经济联系的加强,客运需求呈现多样化和快速化发展趋势,公务出行、休闲旅游、探亲访友等客流将大幅度增加,特别是城际间的旅客出行需求将快速增长。

京张铁路建成后,在促进京西地区旅游的发展,打造京西旅游带的同时,将形成快速、安全、舒适、准点、大能力客运通道,对旅客运输具有强大吸引力,从而弥补目前本地区城际交通结构单一的缺陷,充分适应和满足沿线地区旅客日益多元化的要求,提高旅客运输灵活性。

因此,京张高铁的运行通车,使得沿线景区的联系逐渐加强,所以我们未来将根据京张高铁给沿线带来的经济及就业等因素,采用层次分析法,评价其建成通车后使得景区之间联系更加密切,从而促进城市旅游业联动的情况。

6)城镇化建设程度评价

京张高铁的建设无疑促进了沿线地区之间的联系,将昌平、延庆、怀来、宣化等地区串联起来,加强了彼此之间的沟通,有利于我国城镇化建设快速发展。

昌平区是北京市的中郊区,1999年9月16日,经国务院批准,昌平撤县设区。常住人口73.3万人,户籍人口45.7万人;辖区最南端距市中心区仅4km,交通便捷,八达岭高速路、六环路、京承高速路、北京城市轨道等交通干道穿行其间,将昌平与市区以及周边省市紧密联系起来,既有京张铁路过境并设站。

怀来县位于张家口市东南部,总人口33.9万,地处世界葡萄种植的黄金纬度带上(北纬40°左右),是中国著名的葡萄及葡萄酒产区之一。怀来县是张家口市通往省会首都的必经之地,也是北京连接西部边陲的重要通道,具有重要的交通枢纽作用,既有京张铁路与丰沙铁路交会于此并设沙城站。

宣化古城有上千年的历史,环张宣、近京津、连晋蒙,境内有京包、大秦、宣庞三条铁路干线,主要公路干线有G110、G112两条国道,宣大、京张、京藏和正在修建的张石高速公路跨越县境。西北距张家口市区30km,东南距北京170km,西邻煤海大同180km,总人口

27.7 万，矿产资源丰富。

延庆区地处北京市西北部，距北京市区 74km，是首都北京的北大门，总人口 27.9 万，京张高铁、大秦铁路、G110 国道穿境而过，旅游资源极其丰富，是京郊第一旅游大县，年均接待游客近 1121.7 万人次，延庆的消夏避暑节、冰雪节和龙庆峡冰灯节已经成为京郊旅游的热点，受到旅游界的广泛关注。

因此，未来将采用对比分析法来纵向分析京张高铁建设前后沿线昌平区、延庆区、怀来县、宣化区的城镇建设程度。

5.3.3 场地内要素与周边空间衔接性评价

京张高铁客站注重引入多元化城市功能，以构建完善的车站功能体系，满足车站综合开发及民众活动需求，引导车站从交通节点发展为城市中心，推动了站城关系的深入发展——功能协同。

京张高铁客站设计应充分遵从场地环境，现代化的车站建筑与古朴的城市环境形成时空交织，极具时代感与人文性。同时，车站以综合体形式高效利用了紧凑的城市空间，结合其交通优势，提升了客站地区的人气与活力，带动了周边城区的更新发展，从自然、社会两方面满足了站城环境的协同需求。

1）场地内站场布置评价

站场内台线布置对客站尤为重要，因此评价京张高铁沿线客站场地内站线布置与客站规模及运量的合理性和科学性。京张高铁站区规划设计符合城市区域控制性详细规划，设计时根据车站区位、用地特点，统筹考虑站线布置情况，京张高铁各站房的规模及运量见表 5-4。

站线布置及各站规模与运量　　　　　　　　　表 5-4

序号	站名	站场规模	站房规模（m²）	站型	最高聚集人数（人）	高峰小时发送量（人）
1	北京北站	6 台 11 线	21442	尽端式	5000	5000
2	清河站	4 台 8 线	33000	高架式	6000	4300
3	昌平站	2 台 7 线	5000	线侧平式	—	150
4	八达岭长城站	2 台 4 线	49500	地下式	—	1870
5	东花园北站	2 台 4 线	5000	线测平式	800	320
6	怀来站	2 台 4 线	10000	线测平式	1000	590
7	下花园北站	2 台 5 线	5000	线侧上式	800	385
8	宣化北站	2 台 4 线	10000	线测下式	1200	890
9	张家口站	6 台 16 线	34500	高架式	6000	2800
10	太子城站	3 台 4 线	12000	线测下式	—	6000

未来将采用对比分析法及数理统计法等，根据技术图纸对比建成后实际应用情况，评价场地内站线布置是否合理。

2）场地内流线接驳评价

一般站主要评价进站、出站流线与公共交通的接驳距离，换乘的便捷程度；综合站还要评价与其他轨道交通接驳换乘的距离、时间以及接驳方式等。

综合站要实现多种交通方式在站域范围内系统性整合，除倡导优先发展公交系统和建立城市慢行系统外，现阶段仍要从城市、站域和站房三个层面建立与铁路客站交通特点匹配的城市路网结构。为实现多种交通方式在站域范围内的系统性整合，京张高铁在交通组织上进行了针对性的考虑。

（1）北京北站秉承"快进快出""随到即走"的城市轨道交通集疏理念，在保证安全、满足限界规范最底线前提下南移动车股道停车位，减少旅客走行距离；为减少安检次数同城市轨道交通一体策划，预留互认换乘通道。使高铁、城市轨道交通主要交通流线顺畅、便捷，交通空间无缝衔接。

（2）张家口站采用统一规划、分散布局、立体结合的形式，科学规划布置铁路客运站、城市公共交通站、轨道车站、出租及社会车场、广场、市政配套设施等场地，创造易于辨识和理解的建筑场地空间逻辑；利用铁路客运站上进下出的流线，结合各部分场站的使用流线，通过地下换乘通廊衔接各种交通接驳方式，方便交通流线组织和旅客使用。

以上例子说明建立多维流畅的站域空间，利用站场拉开的间隙，打破传统的"一"字形城市通廊扩展为"十"字形综合交通系统，增强站域空间的方向感与辨识度。未来将根据技术图纸，采用现场勘测的方法评价场地内流线接驳情况。

3）场地内停车空间评价

场地内规划层面主要评价停车空间在符合规范的基础上根据不同客站的规模配套停车场的设计，通过停车位额数量设计等对停车场的空间设计和经济效益进行评价。

近年来，高铁成为我国交通出行的主要方式之一，配套设施停车场的设计也成了关注重点。通过停车场车位数设计和计费方式设计来对停车场的经济效益进行评价，成为需要考虑的重要问题。

清河站地下一层南侧车库共计停车位195个，北侧停车位共计290个。地上二层南侧落客平台停车位36个（其中含12个大巴车车位）北侧落客平台停车位84个。社会车与出租车落客位：社会车与出租车落客区位于清河站南北高架落客平台上，其中，南侧落客平台设有3条落客道，设有落客位24个，北侧落客平台设有两条落客道，设有落客位16个，满足市政交通规划提出的要求。小汽车停车位：小汽车停车场主要位于地下一层南北停车库，共设有停车位485个，满足市政交通规划提出的要求。

怀来站地下车库位于站房北侧，广场下部，停车场入口北侧和东侧各1座，出口北侧和西侧各1座，共4座。设计车辆停车位450个，分区设置避免相互干扰。地面社会停车场及公交停靠站：在集散广场西侧设置占地面积18237m²的地面社会停车场及公交停靠站。地面停车场共设有144个停车位。

因此，场地内停车空间是客站场地设计的重要影响因素之一，未来将根据技术图纸并进行实地勘测和结构性问卷的方法评价场地内停车空间的合理性。

4）场地内绿化空间评价

评价"一站一景"绿化设计的环境实现度以及旅客使用和认同程度。

京张高铁承续百年京张铁路智慧精华，汇聚世界铁路发展先进经验，解决铁路永续发展现实问题，秉承绿色、共享、开放、廉洁的设计理念，开创智能京张生态创新文明新篇章。京张高铁客站绿化景观设计是承续传统中华文明、创新生态保护文明、纯净绿色共享文明、融汇多元时代文明、雪国圣洁永续文明的重要载体，京张高铁客站的景观设计及景观文化特点见表5-5。

京张高铁客站景观设计 表5-5

序号	站名	绿化面积（m²）	景观设计	景观文化特点	景观段	环境融合度/认知度
1	北京北站	5015	—	创造有城市文化特色的铁路景观，强调文化性，充分利用城市、铁路历史个性和文化遗产。列植整齐的有色树种，让铁路穿越时出现色彩的变幻	城郊风光段	评价指标
2	清河站	44856	沿线用山桃、樟子松、迎春设计成桃花带，设计充足的停车绿化区、台阶景观径等。运用不同的植物及设计手法营造步移景异的景观意境			评价指标
3	昌平站	33436	景观设计充分尊重地域文化，提炼地域文化元素，传承老京张传统精神，体现新京张创新精神。运用景观塑造空间尺度与细部分格的协调性			评价指标
4	八达岭长城站	2211	通过对周边景区、山体、建筑物的深入研究，建造生态景观墙、生态种植屋面，采取借景、对景、造景方式，使站房外立面的造型能够共享八达岭长城外景、体现长城博物馆的环境元素，极力打造长城文化寓意	注重世界文化遗产保护，强调地域和谐，力求将现代设计手法与传统文化相结合。摒弃对传统的模仿，从精神上表达出对历史文化的尊重与再现，减少生态干扰	关塞风光段	评价指标
5	东花园北站	34210	站房整体设计延展、舒适。线条简洁明快与周边景观紧密融合，采用花形柱廊表达"花园新城"东花园镇的含苞待放之势，促进新型产业之花开向世界	协调官厅水库水体资源风光及涵养水源功能，种植防洪固沙、净化根系发达的乡土树种，呼应水景观地域风貌，同时最大化减少人工建设带来的水体流失现象	大泽风光段	评价指标
6	怀来站	65580	—			评价指标
7	下花园北站	88519	车站以综合体形式高效利用了紧凑的城市空间，结合其交通优势，提升了客站地区的人气与活力，带动了周边城区的更新发展，从自然、社会两方面满足了站城环境的协同需求	依托晋、京、冀文化交汇地域特点，布置本土特征树种，建立绿网交织、多元和章的景观风貌，体现塞北多民族汇聚的地域文化特征	燕北风光段	评价指标
8	宣化北站	44632	宣化北临近宣化古城墙，景观设计采用中式风格与宣化北站的中式建筑呼应，体现宣化古城的传统风貌			评价指标
9	张家口站	44401	车站空间线路两侧设计林荫带，主要应用植物为国槐，营造出槐树参天傲碧空，枝繁叶茂庇群生。今朝车行浓荫下，共叙乡思颂太平的如诗意境	依托晋、京、冀文化交汇地域特点，布置本土特征树种，建立绿网交织、多元和章的景观风貌，体现塞北多民族汇聚的地域文化特征	燕北风光段	评价指标

续上表

序号	站名	绿化面积（m²）	景 观 设 计	景观文化特点	景观段	环境融合度/认知度
10	太子城站	90031	突破传统铁路景观单一模式，依托崇礼自然丘陵地势，以大量密植的林木整齐排列，增大常绿树种比例，确保冬季景观观赏效果	整个太子城火车站区域，夏可徜徉于湿地景观，冬可沉浸于冰雪之趣。建筑融于自然，山水映衬人文。于风雪中避严寒，于盛况里得悠然	雪国风光段	评价指标

因此，客站设计应充分遵从场地环境，现代化的车站建筑与古朴的城市环境形成时空交织，极具时代感与人文性。未来将采用实地勘测及半结构性问卷的方法评价场地内绿化空间情况。

5）场地内建筑立面设计评价

京张高铁站房的立面设计是展现京张文化、城市风貌的重要载体之一，设计既要从站城的角度考虑城市环境、自然环境与建筑的融合，又要从京张文化的角度，评价其传承性和认知度，还要从奥运的视角评价其与时代的融合，京张高铁站房立面设计理念见表5-6。

京张高铁站房立面设计理念　　　　表5-6

序号	站名	建筑立面设计	建筑环境融合度/认知度
1	清河站	站房造型选取了简洁的坡顶样式，传承北京古都风貌；建筑造型还强调了"动感雪道、玉带清河"的设计立意，展现冬奥风采。站房结构体系还创新的采用了"张拉应力＋弯矩作用"组合梁的结构形式，也应对了智能京张的设计理念	评价指标
2	昌平站	建筑形体紧扣"古韵雄关"，应用严谨的对称式构图，以独具魅力的传统屋顶和砖墙为基调演化抽象，塑造城市之门的国际化形象。建筑形体隐隐与汉字中的"平"字相吻合，取"盛世太平"之意。展现了汉字之美和中国传统的"中庸之道"，追求中正、平和、安定的天人合一的境界，表达昌平于盛世之中和谐发展的美好愿景	评价指标
3	八达岭长城站	站房设计主要体现在景观保护和尊重地域环境与历史文化方面，充分考虑自然与环境的融合，展现了"建筑的消隐"，提炼长城与绿色的设计语言，采用环保的建造材料，站房屋面统一采用绿化屋面，草种来自景区常见植被，与山体自然环境共枯荣	评价指标
4	东花园北站	东花园北站建筑整体设计延展舒缓，线条运用简洁明快，建筑外立面整体造型紧凑协调。站房外立面6根以花瓣造型为创意灵感的柱子，含苞待放之意	评价指标
5	怀来站	怀来素以美酒享誉世界，因而怀来站立面造型以"葡萄美酒夜光杯""一水，三城，四张名片"为设计理念。夜景立面以黄光为主色，在节假日及冬奥会期间可进行色彩的变幻，用灯光的语言来表现建筑轮廓曲线轻盈的流动、建筑不同光照重点来满足不同场景的特殊效果	评价指标
6	下花园北站	站房设计是花园城市的象征，建筑造型像张开的双臂，拥抱城市与自然。花园北站立面造型设计采用了"风电叶片"的柱子设计形态，体现创新精神和科技感的同时也正是智慧铁路和奥运的创新精神的体现	评价指标
7	宣化北站	站房立面造型设计宏观构架提取宣化古城墙的城楼、城台、城墙三大元素，以极简的设计手法重构端庄的大明古城形象。车站立面造型采用了现代中式建筑风格，体现宣化古城的传统风貌	评价指标
8	张家口站	站房外部设计采用了浅色建筑材质，展现广袤无垠的自然风光，站房造型设计时融入"人"字形文化元素，充分表达对"百年京张"的敬意。基于对张家口的历史及地域环境因素的思考，设计选取"纽带"作为车站立面设计的文化主题	评价指标

续上表

序号	站名	建筑立面设计	建筑环境融合度/认知度
9	太子城站	车站采用双曲弧线造型，曲线形式与周围山势相呼应，充分尊重自然，夜景设计元素来源于自然界中浩瀚的星空，意在表现建筑轻盈、流畅的优美曲线，同时更展现出了中国现代高铁文化。太子城站建筑主体采用白色双曲线，车站的屋顶和墙体连为一体，形成一个椭球壳形，与奥运冰雪文化相呼应	评价指标
10	延庆站	延庆站站房立面造型设计取意"高山流水"，设计结合延庆的自然山水风貌和中国山水画，提取"山水"的传统文化特质，隐喻以山水之城的生态来迎接八方来客	评价指标

未来将采用实地勘测及调查问卷等方式对站房设计进行认知度、融合度等进行评价。

5.3.4 建筑空间一体化程度评价

对建筑空间一体化程度进行评价，可以从乘降空间是否宽敞舒适、换乘流线是否顺畅便捷、乘降过程是否有智能科技覆盖等方面入手，这几个方面也影响着旅客对于铁路站房所代表的"行"这一过程的满意程度，所以对其评价中旅客对各方面的感受反馈作为重点。

1）建筑空间舒适性评价

京张高铁站房作为交通建筑，具有运行使用时间长、空间尺度大、功能及流线复杂、室内人员密度高、高峰与低谷人数差异大、内部流动性强等特点。随着近年来高速铁路建设的发展，一方面，客站单体建设规模亦不断扩大，建筑能耗巨大；另一方面，随着经济社会发展，旅客对室内环境舒适度的要求也越来越高。室内环境舒适度主要包括以下三个方面。

（1）室内光环境方面：光环境对于建筑空间而言是不可或缺的构成部分，同时也是联系人类、自然、建筑间的桥梁，在建筑领域发挥着十分重要的作用。现阶段，社会经济发展迅猛，使得人们不仅只满足于建筑空间光环境所具有的功能性。京张高铁站房建设时，更为关注艺术性方面的体现、感情与心灵方面的共鸣。

（2）室内声环境方面：建筑声环境是健康建筑质量的重要组成部分，声景营造，有利于促进公众健康的发展，同时声环境也是衡量建筑空间舒适性的重要指标之一。京张高铁站房空间设计时，充分考虑声景营造，降低大环境中的噪声对人的干扰。

（3）室内公共设施方面：基本公共服务的实现是人民对美好生活的愿望。京张高铁站内公共设施建设时充分考虑保障度、覆盖度、平衡度和便利度，附加智能化服务设施，增强乘客的空间舒适性体验。

从这三个方面来看，建筑空间舒适性是站房使用后满意度评价的重要指标之一，未来将采用深度访谈及半结构性问卷的方法，从使用者角度评价进而优化站房空间设计。

2）建筑空间交通换乘距离评价

为了方便乘客的出行体验，建筑空间的交通换乘距离设计至关重要，对交通流线组织的评价主要是评价其是否在合理的基础上满足换乘距离的最小化。

以综合性站房为主要评价对象，对其站区内多种交通方式之间的换乘效率（换乘距离、换乘方式等）进行评价。

以下花园北站为例：旅客进出下花园北站经由环形站前平台，可连通综合汽车客运站、游客服务中心，通过竖向交通设施可通往出租、社会车辆地下换乘区。各种交通方式之间换乘流线便捷，距离短，符合现代交通建筑"人性化"换乘理念，各交通方式换乘距离见表5-7。

下花园站各交通方式最近换乘距离　　　　表5-7

换乘站类型	最近转换距离（m）					
	高铁（达）	出租接站（达）	社会车接站（达）	北京城际公交（达）	城市公交（达）	长途客运站（达）
高铁（始）	50	80	80	100	150	100
出租送站（始）	80	20	50	100	150	200
社会车送站（始）	80	50	20	100	150	200
北京城际公交（始）	150	100	100	20	100	50
城市公交（始）	200	150	150	100	20	100
长途客运站（始）	150	100	100	50	100	20

以上举例简单说明了建筑空间交通换乘距离是建筑空间人性化设计的重要体现，未来将根据技术图纸采用实地勘测和结构性问卷的方式进行评价。

3）建筑空间组织流线评价

京张高铁建筑空间组织流线评价以站房建筑为界对其内部空间进行评价。综合公共交通建筑空间组织流线设计时往往采用立体化、集约化等发展组织理念，京张铁路沿线各站的交通组织体现为土地集约化、交通立体化。采用立体交通、人车分流的交通组织模式；基于站房多样的客流组织模式，通过架空平台对人、车流进行立体组织，实现人车分流，为乘客创造完善的步行换乘系统。评价京张高铁沿线站房设计是否符合合理的组织流线的设计理念。

以北京北站、清河站为例：

（1）北京北站的进站流线，旅客由站房平台进入首层候车厅，继而平层到达站台进站；地下层旅客由外部枢纽广场进入地下层候车厅，行至站房北侧端部，经由楼扶梯上至各站台进站。出站流线：旅客由站台行至站房平台端部出站楼扶梯，下至地下层出站厅继而出站。

（2）清河站建筑空间组织流线设计分别对国铁出站流线、城市轨道交通出站流线、城市轨道交通进站流线以及换乘国铁流线进行分析，空间中流线组织清晰，进出通道路线设计流畅，有利于客流疏散。出站流线设计与交通接驳合理配置，实现交通的多种接驳方式。在交通组织及换乘方面，车站交通组织、线路换乘、客流引导等均以人的尺度为参考，并紧密结合乘客在站内的活动需求进行设计。

对其组织流线进行评价时，首先根据设计图纸得出设计目标空间组织流线，未来进行现场勘测，通过与使用者的深度访谈及结构性问卷等方法，从使用者视角评价使用现状与预期设计目标的落实程度和使用差异，促进空间组织流线的合理化和人性化。

4）建筑空间标识引导性评价

随着高铁客站的发展，标识导向系统对站房公共空间的影响越来越显著，它不仅能够满足大众的寻路要求，又要体现站房的形象和品位，是站房公共空间不可或缺的主体之一。

建筑空间中的标识对公共空间的导视具有重要作用，对于空间中标识性设计的评价主要是评价其是否清晰明确且具有站房自身的设计特点。

以北京北为例：通过落地标识设计展现高铁时代感，北京北站动静态标识在改造设计中结合现状及使用需求，采取原位、原吊杆吊件规格、原重量更换已破损锈蚀的动静态标识。经吊挂荷载优化及验算，无法满足荷载允许值的要求。既有无柱雨棚动态标识的吊挂已存在较大的安全隐患，原吊挂方案动态标识全部落地安装、静态标识按原点原规格更换整新。

评价时将采用模糊综合评价法及板结构性问卷等方法，检测建筑空间标识引导性是否醒目、易辨等，或借助眼动仪等仪器测试并进行数理统计，采用定性、定量结合的方法，准确客观地评价建筑空间的标识引导性。

5）建筑空间功能业态面积配比评价

京张高铁综合性站房设计趋向功能复合化，对建筑空间功能业态面积占比的评价主要是评价其多元功能空间的占比情况以及是否具有科学的可持续发展的预留设计。

以北京北站为例：北京北站站台端部向北平移70m，于地下层接建候车厅。接建站房建筑面积4077m²，其中候车厅2650m²、进站通廊573m²、其他配套及办公、设备用房854m²；接建站房北侧设置进站地道，面积为808m²。工程总建筑面积4885m²。

以清河站为例：清河站地下2层，地上2层，局部3层，总建筑面积为13.8万m²，包含站房及铁路配套的建筑面积6.8万m²，城市轨道交通建筑面积5.6万m²，公共工程建筑面积1.4万m²。其中大铁相关包含站房3.3万m²。行包用房1400m²，进出站厅和通道3700m²，地下车库和设备用房2.85万m²。评价将从站房内部各部分空间面积数据的获得入手，对站房内，尤其是公共空间的不同业态的面积分布进行分析比较。

车站注重引入多元化城市功能，以构建完善的车站功能体系，满足车站综合开发及民众活动需求，引导车站从交通节点发展为城市中心，推动了站城关系的深入发展——功能协同。利用技术图纸得出建筑空间功能业态面积配比情况，未来将采用对比分析法及层次分析法等评价多元业态的面积配比情况，进而指导空间设计进一步优化。

6）建筑空间文化信息认知度评价

京张高铁是我国高速铁路网"八纵八横"的重要组成部分，也是2022年冬奥会的重要交通保障，把"京张文化"书写好，对内是对我国传统铁路优秀文化的传承，对外更是中国铁路文化的有力彰显。

京张高铁站房建设与中国传统文化、地域文化、奥运文化、冰雪文化等元素融合形成的

"京张高铁文化"，从文化共性、个性两个角度，对"天地合德，百年京张"的京张高铁文化主题及"人字纹、苏州码子、山水视界、五行五色"文化元素、一站一景进行设计。文化设计体现时代特征，适应时代要求，展现时代风貌，建筑文化应符合地域自然环境并恰如其分地表达地域人文特色和历史文化底蕴。

京张高铁站房空间的文化信息呈现是对我国传统铁路优秀文化的传承，这部分对于京张高铁沿线建筑空间设计的评价是评价其空间的特色文化信息认知度，京张高铁各站站房的文化内涵与空间呈现方式见表5-8。

京张高铁各站站房的文化内涵与空间呈现方式　　表5-8

序号	站名	文化主题	文化内涵	空间呈现方式	认知度
1	北京北站	通合	历史上北京先后成为辽陪都、金中都、元大都、明、清国都，这里群英荟萃，闪烁古今，是祖国的名片，是文化交流与融合最核心的地方。北京北站地处北京市二环，是京张高铁的始发及终到站，是直达首都中心的交通枢纽	以两侧浮雕比作楹联楹墙，牌匾为横，画面中心以京张高铁人字形Logo为主体，画面体现老西直门站房、京张站房、老机车、新动车，其铁路、桥隧、祥云、和平鸽、绿水青山等元素	评价指标
2	清河站	不息	清河站是京张高铁主要始发站，老京张铁路诞生之际也恰是近现代中华民族自觉、自强不息的起点。自铁路先驱詹天佑始，中国铁路人的精神从京张线开始薪火相传，生生不息。该文化主题取人与天地合德之自强不息精神，取中华民族图腾长城之自强不息精神，取百年铁路人之自强不息精神	西进站厅集散空间主壁画，整块展板表达从老京张到新京张这110年的铁路建设发展历程。以文字、图片及二维码的形式呈现。八连屏壁画展现不同时期的标志性建筑，展现京张生生不息的文化内涵。玻璃装饰，运用流动的文化图案可视化成历史的长河。是层峦叠嶂的山峰，也是人字纹的变形	评价指标
3	昌平站	基石	昌平自西汉设县，已有2000多年历史，素有"京师之枕"美称。昌平区南口镇是京张铁路建设和运营初期机务段、机车车辆厂、京张铁路总工程处、总材料厂所在地。1909年10月2日，京张铁路全线通车运营的剪彩仪式在南口举行。这里是中国铁路建设发展的基点和基石之一。昌平现规划为三城两区：未来科学城、沙河大学城、昌平新城、科技商务区、西部绿色发展示范区。其中科技和教育也是强国发展的基石	柱子和屋檐将传统元素进行现代演绎，与北京深厚的文化底蕴相契合。"铁轨纹"元素主要应用在候车大厅吊顶封边处和旅客地道两侧墙面上。每幅装饰结构分为四层，以写意的手法表达八景的意向，每幅画面再配合云纹、北京著名建筑与燕平二景叠加体现。其中燕平八景中重点部分以大漆艺术装饰突出展现	评价指标
4	八达岭长城站	丰碑	长城是中华民族自强不息的精神图腾，是中华民族文明史的丰碑；途经长城的老京张线"人"字形铁路是中国现代工业文明史中闪耀的灵光，老京张铁路是中国铁路建设史中的第一座丰碑，而高铁是当下的"中国名片"，也是新中国工业文明的丰碑	地下站台吊顶采用人字灯吊顶，墙面采用吸音砂岩板，两侧分别配以新老京张文化主题浮雕，实现历史与现代的对话。运用云、山、水、城市等元素，在原墙面材质基础上进行石雕壁画创作	评价指标
5	东花园北站	春华秋实	东花园有中国最大的海棠种植基地，也以葡萄种植和丰富的水资源而闻名，春日海棠，秋日葡萄，春华秋实的自然风光清新唯美。春华秋实在现代汉语应用中有因果和时光的表意，古语也比喻文采与德行，多因励学识渊博，而明于修身律己，品行高洁。春华秋实的内涵恰与天地合德互为呼应	出站厅墙壁凹槽采用易县黑石材雕刻海棠花组合人字纹装饰纹样。候车厅室内从柱基延伸出的弧形凹槽间，增设由人字纹组成的渐变的菱形纹样镂空贴图，镂空纹样背贴同室外花伞颜色。色彩与室外花伞相呼应，图案如人手拉手渐进排列，至顶部渐变为星形，象征"牵手梦想、天人合一"	评价指标

续上表

序号	站名	文化主题	文化内涵	空间呈现方式	认知度
6	怀来站	近悦远来	从古道驿站到普速铁路、高速铁路，中国地面交通的古今变迁在这里聚焦。"近悦远来"出自先秦孔子《论语子路》之叶公问政。"子曰：近者说（悦），远者来"指邻近的人因为受到好处而都喜悦，远方的人也都闻风而前来归附。在此，近悦远来喻意怀来自古以来为中原与北地少数民族交融发展之地，也喻义古道、驿站、铁路、高铁的交通发展带来的"有朋自远方来不亦乐乎"	正立面上设置了四幅浮雕，分别代表了怀来的四张名片，鸡鸣古城、英雄故里、一泓净水、葡萄美酒，开门见山地介绍了怀来的自然人文景观和文化内涵。进站大厅运用玻璃丝网印+铝板柱水波纹的文化呈现方式	评价指标
7	下花园北站	欢祥	下花园境内有被誉为京西第一奇峰的鸡鸣山。鸡鸣山民俗文化庙会历史悠久，地方特色浓郁，被称为"最具人气的庙会"。从下花园北站向南望去，鸡鸣山景观一览无余。庙会是中国传统民俗文化中节庆文化的一种重要形式，也是传统文化和各种民俗文化、民间艺术集合展示的平台，在中国的节庆文化和民俗文化中，欢乐、祥和是表现的核心主题	候车厅吊顶与栏杆采用剪纸艺术纹样，立柱及空间装饰采用篆刻+绘制大漆工艺	评价指标
8	宣化北站	古藤新芽	宣化是中国历史文化名城，宣化府是北京城西的第一座府城，所以人称"京西第一府"。宣化葡萄的种植可以上溯到唐朝时期，至今仍延续古时自西域传入的庭院漏斗架式葡萄种植法。新中国成立后，宣钢是宣化的重要工业支柱，素有"半城葡萄半城钢"的说法。而今一座高铁新城将屹立于古城一侧，古城的发展随着高铁的建设迎来新生	空调风口条带采用通用的装饰纹样人—众，吊顶木色格栅和传统藻井的意向，呼应站房的设计内涵。围墙整体采用混凝土砌块间设装饰柱的形式。围墙中铁艺栏杆上方铸造有重新设计的Logo标志，铁艺栏杆后方装有钢化玻璃作为分割。铁质大门的门边柱正中间具有京张文化的铁艺浮雕	评价指标
9	张家口站	纽带	张家口被誉为"长城博物馆"，是长城遗址分布最多的地区。长城是古代边关发展的纽带，张家口是古代中原和北地汉蒙商贸的纽带，也是当代中国连接京津、沟通晋蒙的纽带；而高铁是中国城镇化发展的纽带	进站厅分别采用植物、高铁、长城、山、水、云等元素，进行浮雕创作，运用人字纹、苏州码字和蒙古语打散重组进行浮雕创作。背漆玻璃表面采用铝板丝网印刷工艺，以人字纹构成壮观活跃的城市景观和自然景观作为艺术主题，给乘客带来极为丰富的视觉体验	评价指标
10	延庆站	—	延庆北、东、南三面环山，妫水河流淌城区之中，有山有水，是山水之城的代表，也是首都生态涵养发展区。设计取义"高山流水"，提取"山水"的传统文化特质，隐喻以山水之城的姿态来迎接八方来客。设计结合延庆的自然山水风貌和中国山水画，以精妙绝伦的流线轮廓展开，拉近天空和云海的距离，彰显建筑与自然的融合新生	候车大厅是旅客聚散最重要位置，东侧墙面作为永久性文化宣传，采用巨幅石材浮雕形式，内容为最能彰显延庆文化特色的八达岭长城作为主题，凸显万里长城的雄伟壮观，彰显延庆源远流长的历史文化	评价指标
11	太子城站	无界	中国文化讲求"天人合一""天地合德"。人与自然相通、空间与自然相通、人与天地相通、心性与天地相通是中国传统文化的至高追求。地理之于高铁无界，山水之于人心无界，奥林匹克之于人类无界，无论民族、国家"每一个人都应享有从事体育运动的可能性，而不受任何形式的歧视，并体现相互理解、友谊、团结和公平竞争"（奥林匹克精神），共同分享自然资源、文化和精神	地面采用雪元素、京张Logo及装饰辅助图形和苏州码字等采用人字纹装饰图案+京张纪年的设计形式，玻璃栏板丝网印刷采用水墨山水表达太子城"无界"的意境，并且加入了漫天飞舞的雪花元素	评价指标

以上京张高铁各站都有对应的文脉融合，展示不同的地域特色，铁路客站是城市对外交往的重要载体，是反映城市形象的重要"门户"，与城市结构、景观、文化紧密相连，直观展现着城市的风土人情、人文历史和时代精神。未来将采用实地勘测的方法确认文化落位情况，采用半结构性问卷的方法评价空间文化信息的认知度，以此来优化指导后续设计，竭力发挥京张高铁各站城市"名片"的功能和引领作用。

7）建筑空间智能服务体验评价

京张高铁具有智能京张的美称，主要评价建筑空间智能服务体验是否具备智能化、高速化和信息化。

"精品工程，智能京张"，新时代赋予了京张铁路不一样的历史使命；它要求京张铁路站房以"精品"姿态存在，以高质量高标准完成；它要求京张铁路站房关注的不仅仅是旅客出行的"需求"，更包含旅客出行的"品质"；它要求站房工程不应再是一个单纯的建筑，更应有"智能化""信息化"手段设施渗透其中，以符合新时代旅客的出行需求。

注重客站功能、技术和艺术的完美结合，实现站房"智能便捷"。通过"人脸识别"技术的应用，信息验票设备的升级更新，将实名制验票与闸机验票合二为一，将以往旅客"验、检、验"的进站模式优化为"检验合一"模式，大大提高了旅客进站效率，提升了旅客乘坐高铁的乘降品质。

开展智能化、信息化运维管理技术研究，加强软硬件结合，从结构安全监测、智能综合视频、智能设备监控、节能管理、智能调度、智能应急指挥、全生命周期智能运营维护等方面开展研究；开展智能化服务技术研究，从绿色出行、智能票务、导航、安检、候车、求助、差异化服务和特殊人群服务等方面开展研究。

综上所述未来将采用深度访谈及半结构性问卷等方法，从使用者的角度评价建筑空间智能服务体验感。

5.4 奥运期间使用后评价

京张高铁建设与2022年冬奥会的事件背景密切相关，因此，开展奥运使用期间的建筑后评价具有重要意义，既是对京张高铁站房建设项目的最好总结，也是积累设计经验的重要契机，同时对于最初的设计构想和建设实施都是难能可贵的验证机会。

与奥运主题的融合设计是京张高铁项目中亮眼的一笔。2022年冬奥会由北京市和河北省张家口市联合举办，包含北京城区、张家口、延庆三大赛区。在奥运期间承担重要运输功能，参与奥运主题融合设计的客站主要有北京北站、清河站、崇礼支线的太子城站及延庆支线的延庆站，其分布与位置如图5-1所示。

图 5-1 京张高铁线奥运重点客运站分布及位置

1）京张高铁的建设特点

京张高铁的建设，将为 2022 年冬奥会的成功举办提供有利条件。主要特点包括以下几个方面：

（1）设立双客站，形成多点乘降，运载能力提升。京张高铁的车站建设使得北京北站、清河站形成互联互通、多点乘降的双客站，提高了高铁交通在区域中换乘效率，有效缓解了北京西直门地区交通的拥堵，同时也能够缓解 2022 年冬奥会期间对单个车站的客运压力。另外，北京北站靠近首都功能核心区，在其所联络的北京至张家口、呼和浩特等西北方向的线路上，也将承担起重点旅客发送任务。奥运期间，京张高铁高峰小时主要为奥运服务，可满足客流需求。

（2）客站紧邻赛场，交通极为便利。太子城站位于张家口市崇礼区太子城村，距张家口 50km、崇礼区 15km，距 2022 年冬奥会崇礼赛区奥运村 2km，位置正对太子城国际冰雪小镇奥运颁奖广场。比赛期间，奥运注册人员及观众可乘坐摆渡大巴或缆车前往赛区，交通极为便利。延庆站位于北京市延庆区妫水南街附近，距 2022 年冬奥会延庆赛区 40km，比赛期间，奥运注册人员及观众可换乘摆渡大巴前往赛区，交通便利。

（3）设计赛时流线，不同乘客分流。清河站、太子城站和延庆站均设计了奥运赛时流线，奥运期间可实现奥运大家庭、媒体、观众及普通旅客的分流，以便于高效、安全地进出站和前往赛场。

2）主要评价内容

由于奥运举办前缺少实际数据资料，只能进行预测及定性分析。因此，拟在奥运会筹备及举办期间，以北京北站、清河站、太子城站、延庆站四个奥运重点客站为研究样本，对实际客流进行测算并采用现场勘测调研及访谈等方法，开展围绕京张高铁客站使用效能的评价，主要评价内容包括：

（1）综合性站房赛时站区交通流线组织评价。

（2）综合交通枢纽赛时换乘效率评价。

（3）站房空间内赛时流线与平时流线的比较评价。

（4）奥运注册人员 / 奥运大家庭流线组织的效率评价。

（5）站房内文化信息认知度评价。

（6）站房内非交通功能的使用效能评价。

CHAPTER 6
>>>> 第 6 章

面向未来的京张高铁站房
THE FUTURE-ORIENTED BEIJING-ZHANGJIAKOU HIGH-SPEED RAILWAY STATION BUILDING

京张高铁站房站城融合设计

党的十八大以来，国家经济社会发展取得了全方位、开创性的历史成就，中国高铁就是这历史性成就中的精彩缩影。高铁车站是高铁建设的重点工程，作为铁路的窗口、城市的门户，它不仅体现着高铁车站发展综合技术与艺术文化水平，也展现着华夏神州悠久的历史文明与铁路人的文化自信。

110年前，詹天佑在这里自主修建了中国第一条铁路京张铁路，这条人字形铁路能让利用两台动力不足的蒸汽机车前拉后推一列火车，使其翻越山脉。今天，京张高铁跑出350km的时速，不同时代的智慧与劳动相互辉映，仿佛一种历史的宿命。人们感受着智能高铁的快捷便利，而对于中国智能高铁的发展来说，这只是一个开始。

1）探索与突破——北京北站

尽管在过去的一百多年里科技发展迅速，但在北京到张家口之间建设一条时速可达350km的高速铁路绝非易事。当年在修建京张铁路时，主要站台西直门站（也就是现在的北京北站）位于城市边缘，但现在这里已发展成核心区，京张高铁的建设延续火车必须要从城区内形成的四道口、五道口等地经过。这不仅会打扰到周围居民的生活，还会阻碍该地区的发展，在此建设高铁更是难上加难。人是万物的尺度。为了让人们更好地生活，是修建一条铁路的理由。京张高铁设计建设亦是如此。经过反复研究，中铁设计的工程师们决定另辟蹊径：利用隧道来通过城北的几大核心区。这条隧道名为"清华园"，是京张高铁全线唯一采用盾构法施工的隧道。它从学院南路南侧下穿，依次经过北三环、知春路、北四环、双清路等一系列重要道路以及城市轨道交通10号线、12号线、15号线等，全长6020m。2018年11月20日，清华园隧道全线贯通，四道口、五道口等地再也没有火车呼啸而过的场面，铁路线对城市规划的割裂从此成为历史。

2）天地合德，百年京张——清河站

清河站是京张高铁与京张铁路唯一一处新老站房交相辉映，跨越百年同站同框的车站。建筑面积近14万m²的清河站，是全线面积最大的车站。清河站老站房作为老京张线上的"网红"车站，朴实内敛的老清河站站房，是中国铁路之父詹天佑主持修建的京张铁路的首批站房，距今已有110年的历史。如今老站房将整体安放在南侧，以博物馆形式亮相。清河站建设过程中，老站房整体平移，待工程完工后，又移至新站房旁。老站房的平移保护，是清河站全生命周期BIM技术应用的一环，也是全国第二例、北京第一例老站房整体保留项目。新修建的清河高铁站，有着合理的高铁、城市轨道交通接驳设计和信息显示系统的优化，起到了分担北京北站客流压力的作用。

3）消隐的客流——八达岭长城站

京张铁路作为中国铁路史上的标杆，一直是教科书式的案例，为国内铁路建设提供了经验。其中里面最令人津津乐道的"人字形铁路"，巧妙地运用地形，解决了由于地形海拔落差极大、火车爬坡困难的问题，之后一些山区铁路建设都沿用了这样的设计手法。科学技术发展到今天，高速铁路对线路坡度和线路弧度有着更高的要求，那些绕不过去的山脉就必须开挖隧道。2019年12月30日，世界首列时速350km复兴号智能动车组在地下102m处穿越八达岭长城，这里坐落着世界上最深、规模最大的地下高铁站——八达岭长城站。该站扶梯长82m，提升高度65m，相当于14层楼高，京张高铁开通运营后，八达岭长城站迅速成为重要的旅游打卡地，这部电扶梯也成为旅客留念的"网红扶梯"。原先的八达岭隧道长度为1091.2m，而新的京张高铁八达岭隧道长达12.01km，是原隧道长度的10倍以上。这项复杂且高风险的隧道工程，从2016年开工，经历了两年零七个月的漫长时间，于2018年12月13日全线贯通。虽然修建过程十分艰辛，但新八达岭隧道工程被誉为整个京张高铁设计理念的代表之作——因为八达岭高铁站位于八达岭景区附近，客流量大，所以设计者们突出了"消隐"的理念。高铁站隐于山中，最大埋深102m，站台和周围环境融为一体，地下部分则采用叠层进出站的通道形式、环形救援的廊道设计，充分利用地下空间。

4）葡萄美酒夜光杯——怀来站

怀来站站房建筑面积1万m²，造型质朴，似酒杯又似葡萄藤架，更像是百年京张的人字形铁路，尽显"葡萄美酒夜光杯"的设计美感。曲线柱廊与典雅的古铜浮雕展示怀来葡萄酒文化特色，意味"一座古城、一位英雄、一盆净水、一瓶美酒"四张名片；站内的玻璃装饰和丝网印刷强调怀来"葡萄之乡，美酒庄园"的特色及地域文化。

5）奥运中转站——下花园北站

下花园北站作为京张主线与崇礼支线的枢纽站，同时也作为京张高铁一体化设计的样板车站。站房与长途汽车站、旅游集散中心的建筑形式及风格进行了一体化设计，围合出形式统一的共享广场，真正实现了景观、功能整合的交通枢纽建筑，形成了下花园城市地标。下花园北站设计过程中，注重反映当地地域文化，提升城市主题。下花园北站以宣府八景之一"鸡鸣晓月"和古道驿马飞驰为灵感，整体外观亦如弯月并以现代风车叶片为造型，巧妙利用风车叶片扭转特点，将客流实现45°旋转，导向南侧鸡鸣山。建筑内部空间覆以代表当地风貌的陶土板，粗犷的材质与光滑的叶片形成鲜明对比，现代而又古朴、灵动不失稳重。

综合服务中心一改往日售票窗口形式，取消玻璃，设开敞式柜台，拉近旅客与车站的距离，亲切感倍增。背景墙中间及柜台正面饰以发光字，使整体空间更加温馨舒适。设置叫号机、旅客座椅等，使旅客的购票过程更加有序，更显人性化。

卫生间设计过程中，大力践行厕所革命，改善旅客如厕环境。卫生间装修全线统一，采用硅酸钙板整体式吊顶，周圈设置内凹灯槽，槽内暗装回风口。在蹲便上方增加低位排风，通过低位排风与高位排风相结合的方式，将异味彻底排出，提高卫生间空气质量。洗手台下方设置低位柜，隐蔽管线，方便检修，私密而美观。抽纸盒、烘手器、垃圾桶三合一设置，方便旅客使用的同时，使空间更加整齐划一。

这些可能是很多人不太会注意到的细微之处，但恰恰正是这些智慧且人性化的设计，向世界展示了中国的大国工匠精神，成为一个闪亮的名片，送递给每一个前来乘坐京张高铁的人。

6）雪国境门——张家口站

京张高铁终点站张家口站位于张家口市主城区以南、京包铁路张家口南站旧址上，车站总建筑面积约9.8万 m²。张家口站站房以"雪国境门"为设计理念，将张家口大境门的拱门与自然地貌的弧形加以抽象，同时融入百年京张"人"字形元素。在张家口高铁站的站台上，清水混凝土雨棚柱表面光滑，棱角分明，"素面朝天"。这样的柱子和一般的混凝土雨棚柱相比，需要结构施工一次成型，不剔凿修补、不抹灰，无需涂料、饰面等化工产品的使用，体现了"环保、节能"的设计理念。在2020年的国庆中秋双节假期中，人们恢复正常出行，仅仅几天时间，京张高铁就运送旅客36.2万人次，其中仅在9月30日一天就运送旅客4.08万人次，创下开通以来单日旅客运送人次新高。其中最令人惊喜的就是速度——呼和浩特至北京的列车运行时间从9h缩短至2h多；张家口到北京只要56min，实现了同城效应。

7）奥运村中的车站——太子城站

太子城站是世界上第一座建在奥运村内的车站，从高铁站到奥运村和各大滑雪场的时间只需要15min，整个车站采用双曲弧面落地的造型，车站与周围的山水相融合，减少对周围环境的破坏，遵从"建筑融于山、建筑融于水"的设计理念。

此外，这种顺滑的曲线设计也代表了整个滑雪运动的速度与激情，同时也跟复兴号的形象非常吻合，向全世界展示着中国的高铁文化。

车站整个内装采用重结构、轻装饰的设计风格，地下一层全部采用露梁设计，在尽量提高室内层高的同时还可以减少造价。尽量减少它的装饰，即便做一些装饰也是在结构本体上去做。站房的梁和柱子都采用清水混凝土造型。太子城站还有一个有趣新颖的设计，站内有一副巨大的山水壁画，是用灰色马赛克一块块拼接而成的。壁画的设计结合了投影，将车次信息动态展示。同时，壁画还有天气预报的功能，比如外边下雪的时候，室内壁画就是山上雪花飘落的动态，而雨天又是下雨的造型。

作为中国"八纵八横"高铁网的重要组成部分、2022年冬奥会重要交通保障设施，无论在列车上还是在站厅里，乘客均能享受到京张高铁便捷的智慧化服务和畅快的移动互联体验。让"5G+智慧高铁"技术在极大推动便利出行的同时，也成为京张高铁的一个新特质，为国内其他高铁的智能化发展提供了经验。

京张高铁站房的设计和建设秉承国铁集团对铁路旅客车站"畅通融合，绿色温馨，经济艺术，智能便捷"的建设理念要求，体现"以人为本，以流为主"的思想，合理组织站内外的各类交通流线，做到旅客"流线便捷、功能分区合理"，实现"空间清晰可读，服务设施完善"的设计理念。贯彻"节能、节水、节地、节材、环保"的国策，采用技术措施满足各方面要求。综合采取防火、抗震、防洪、抗风、抗雨、抗雪、抗雷击等防灾安全措施，保证建筑、环境安全。符合无障碍设计规范的规定与要求，做到无障碍流线连贯、完整。合理确定建筑标准，做到经济实用、美观协调、技术先进，同时具有前瞻性。

在前期设计中能够开展深层研究、主动介入。清河站的设计前期，在全线站房方案招标之前，先期参与了由北京市规划和自然资源委员会组织的4家设计单位（北京市城市规划设计研究院、北京市市政工程设计研究总院有限公司、中铁工程设计咨询集团有限公司、北京城建设计发展集团股份有限公司）开展了《京张铁路清河站综合交通规划研究》专题研究，对清河站相关的城市规划、综合交通规划、用地以及老站房保护、平移等多方面深入探讨和论证，向市政府提出了指导性建议和专题报告。在八达岭长城站设计前期，参与了文保、环保的可研设计和专题研究，密切配合相关部门、专业出具站房视线分析、降低敏感区影响等研究报告，确定了地面站房选址、占地范围、站房控制高度，明确依从山体消隐融合的理念，取得适宜的站房体量和分析成果。由于先期的积极介入，享有深厚的积累和技术资料，使得京张线站房招标时投标中胸有成竹，把握准确。设计方案获得铁总和北京市的一致好评。

在整个京张站房设计项目的策划与管理上，作为新建铁路北京至张家口铁路、新建崇礼铁路项目的总体设计单位，以专业、务实、包容、创新的核心价值观对项目进行高效的组织管理。设计过程中的每个阶段都反映了中铁设计对项目设计过程的专业与专注。站房不仅是铁路的形象，更是城市的大门，各级政府极为关注。概念方案竞标需要高水平的创意，京张铁路客站中铁工程设计咨询集团与阿海普建筑设计咨询有限公司组成联合体，共同完成主要站房的竞标与设计工作，可谓强强联合、优势互补，成果显著。联合体合作有沟通、有碰撞、有磨合，双方的技术团队最终克服了种种困难，使得中外理念在精品工程中得以交织、融合。

随着时代的进步，建筑技术的发展，新技术、新材料、新工艺的不断涌现，建筑行业已朝专业化的细分领域迈进，对于京张高铁站房这类大型公共交通建筑，为保证技术的专业化水平，需要专业化的团队承担专业化设计。除了传统的建筑、结构、给排水、暖通、电气设计专业以外，还需要基坑支护、人防工程、金属屋面、建筑幕墙、室内装修、标志标识、建筑声学、室外景观、文化艺术、照明亮化、市政管线配套、建筑智能化及消防性能化研究、超限结构研究、绿色建筑研究、BIM技术研究等更专业的课题研究及专项设计。对各专项设计，从策划阶段始对质量控制、进度控制、投资控制做了专门的规定和要求。

从设计到建造，京张高铁破除一个又一个关卡，2019年12月30日，京张高铁正式开通运营。"它实现了智能建造、装备和运营，开启了世界智能铁路的先河。"这是继青藏铁路、京沪高铁之后，中国铁路工程第三座里程碑。

习近平总书记强调，京张高铁是北京冬奥会的重要配套工程，其开通运营标志着冬奥会配套建设取得了新进展，其他各项筹备工作也都要高标准、高质量推进，确保冬奥会如期顺利举办。在未来的岁月里，京张高铁会一直发挥着不可或缺的作用。2022年奥运会的脚步越来越近，它将为运动员和旅客提供更好的出行体验。在未来的岁月里，京张高铁将发挥着不可或缺的作用。

　　从京张铁路到京张高铁，是从自主设计修建零的突破到世界最先进水平的跨越。两条钢铁巨龙同框同向，成为镶嵌在神州大地上的新地标。两条铁路相映生辉组成的新京张线，见证着中国铁路的发展和中国综合国力的飞跃，也镌刻着千千万万奋斗者不为人知的青春故事。那是曾经和现在把自己融入进京张血脉中的人们，谱写出的自强不息、勇于创新的京张故事。

　　一条百年圆梦路，从"追赶者"到"领跑者"，从同样的起点再出发。由中国人自主设计建造的世界首条智能化高速铁路与老京张铁路在长城脚下交相辉映。穿越中华民族的百年梦想，正以全新的面貌和速度，承载着中国人的记忆、精神和企盼，续写新时代的传奇。

参考文献

[1] 宓汝成. 中国近代铁路史资料：1863—1911 [M]. 北京：中华书局，1963.

[2] 金士宣，徐文述. 中国铁路发展史：1876—1949 [M]. 北京：中国铁道出版社，1986.

[3] 刘志军. 铁路旅客车站设计指南 [M]. 北京：中国铁道出版社，2006.

[4] 郑健. 铁路旅客车站设计集锦 [M]. 北京：中国铁道出版社，2009.

[5] 郑健，沈中伟，蔡申夫. 中国当代铁路客站设计理论探索 [M]. 北京：人民交通出版社，2009: 41-67.

[6] 上海现代建筑设计(集团)有限公司. 上海虹桥综合交通枢纽规划与建筑设计 [M]. 北京：中国建筑工业出版社，2010.

[7] 刘皆谊. 城市立体化发展与轨道交通 [M]. 南京：东南大学出版社，2012.

[8] 日建设计站城一体开发研究会. 站城一体开发 [M]. 北京：中国建筑工业出版社，2014.

[9] 日建设计站城一体开发研究会. 站城一体开发 II[M]. 沈阳：辽宁科学技术出版社，2019.

[10] 王晶. 高铁客运枢纽接驳规划与设计 [M]. 北京：中国建筑工业出版社，2016.

[11] 胡昂. 日本枢纽型车站建设及周边城市开发 [M]. 成都：四川大学出版社，2016.

[12] 郑健，贾坚，魏崴. 中国高铁丛书：高铁车站 [M]. 上海：上海科学技术文献出版社，2016.

[13] 庄宇，张灵珠. 站城协同：轨道车站地区的交通可达性与空间使用 [M]. 上海：同济大学出版社，2016.

[14] 王志刚，吴学增. 站城一体化(TOD)的理论与实践 [M]. 北京：中国建筑工业出版社，2019.

[15] 朱利安·罗斯. 火车站：规划、设计和管理 [M]. 铁道第四勘察设计院，译. 北京：中国建筑工业出版社，2007.

[16] 矢岛隆，家田仁. 轨道创造的世界都市——东京[M]. 陆化普, 译. 北京：中国建筑工业出版社, 2016.

[17] 铁路第四勘察设计院. 铁路车站及枢纽设计规范：GB 50091—2006[S]. 北京：中国标准出版社, 2006.

[18] 铁道第三勘察设计院集团有限公司. 铁路旅客车站建筑设计规范(2011年版)：GB 50226—2007[S]. 北京：中国计划出版社, 2012.

[19] 铁道部工程设计鉴定中心, 中铁二院工程集团有限责任公司. 2011中国铁路客站技术交流会论文集[C]. 北京：中国铁道出版社, 2012.

[20] 铁道部工程设计鉴定中心, 铁道第三勘察设计院集团有限公司. 2012中国铁路客站技术交流会论文集[C]. 北京：中国铁道出版社, 2012.

[21] 吕北岳, 刘永, 胡笳. 高强度开发地区轨道交通站城一体化发展策略——以深圳市前海合作区为例[C]// 中国城市规划学会. 2017中国城市交通规划年会论文集. 2017: 1-8.

[22] 刁晶晶, 程苑, 綫凯, 等. 居民生活模式变化对交通需求的影响研究[C]// 中国城市规划学会. 2019年中国城市规划年会论文集. 2019: 1-8.

[23] 张凤霖, 李科, 陈富昱. 天津西站铁路综合客运枢纽交通提升策略研究[C]// 中国城市规划学会. 2019年中国城市交通规划年会论文集. 2019: 1-13.

[24] 朱建辉, 孙超, 林钰龙, 等. 站城一体化模式下的综合交通枢纽智慧化发展路径探索[C]// 中国智能交通协会. 第十五届中国智能交通年会科技论文集(1). 北京：中国工信出版集团、电子工业出版社, 2020: 9.

[25] 中国科协学会服务中心、中国铁道学会. 中国高铁——速度背后的科技力量 第一章 跨越110年的两条京张铁路[C]// 中国科协学会服务中心、中国铁道学会. 科技民生系列丛书——中国高铁——速度背后的科技力量. 北京：中国科学技术出版社, 2020: 14.

[26] 郭晶华. 我国大型铁路客运站站房改造与更新设计研究[D]. 成都：西南交通大学, 2006.

[27] 罗筱. 我国铁路客运站建筑改造设计研究[D]. 哈尔滨：哈尔滨工业大学, 2008.

[28] 方静. 新型铁路客站站房空间使用后评价(POE)研究[D]. 成都：西南交通大学, 2010.

[29] 徐慧浩. 大型铁路客站规划后评价指标体系研究[D]. 成都：西南交通大学, 2012.

[30] 黄颖. 大型铁路客站站前集散空间使用后评价(POE)研究[D]. 成都：西南交通大学, 2012.

[31] 王雷. 高铁站综合体复合功能的一体化设计研究[D]. 北京：北京交通大学, 2013.

[32] 杨颖. 基于使用状况研究的大型铁路客站候车空间设计策略[D]. 成都：西南交通大学, 2013.

[33] 庄莉莉. 基于可持续发展理论的高铁枢纽评价体系研究[D]. 天津：天津大学, 2014

[34] 吕匡. 公共建筑室内空间标识系统建设效果评估理论及方法研究[D]. 上海：东华大学,

2014.

[35] 刘劲. 我国城市中心铁路客运站改造设计研究 [D]. 大连：大连理工大学, 2015.

[36] 李鹏飞. 自然风景区客运过道站房外部形态设计研究 [D]. 成都：西南交通大学, 2015.

[37] 刘震宇. 城市轨道交通站城一体化发展模式研究 [D]. 兰州：兰州交通大学, 2016.

[38] 付春祥. 高速铁路客运枢纽建筑造型的地域性表达研究 [D]. 青岛：青岛理工大学, 2016.

[39] 高尚. 火车站的地域性与民族性设计研究 [D]. 天津：天津大学, 2017.

[40] 马雨欣. 高铁客运站城市适应性设计研究 [D]. 哈尔滨：哈尔滨工业大学, 2017.

[41] 桂汪洋. 大型铁路客站站域空间整体性发展途径研究 [D]. 南京：东南大学, 2018.

[42] 许晓旭. 承载地域文化的地铁站域空间设计对策研究 [D]. 哈尔滨：东北林业大学, 2018.

[43] 张俊华. 基于站城一体化的轨道交通枢纽与城市空间的连接空间模式研究 [D]. 深圳：深圳大学, 2018.

[44] 谢雨宏. 大型高铁客站站房使用后评价 [D]. 广州：华南理工大学, 2019.

[45] 刘练. 我国大型高架候车式高铁客站入站空间设计研究 [D]. 广州：华南理工大学, 2019.

[46] 邓荟. 基于站城融合模式的大型铁路客站选址适应性研究 [D]. 成都：西南交通大学, 2019.

[47] 朱小雷, 吴硕贤. 使用后评价对建筑设计的影响及其对我国的意义 [J]. 建筑学报, 2002 (05)：42-44.

[48] 孙小年, 姜彩良, 王江平. 城市客运交通换乘衔接的综合评价 [J]. 交通标准化, 2005 (10)：23-27.

[49] 赵东汉. 国内外使用状况评价 (POE) 发展研究 [J]. 市环境设计, 2007 (02)：93-95.

[50] 孙立山, 任福田. 客运交通枢纽换乘客流的组织优化 [J]. 道路交通与安全, 2007 (03)：18-21.

[51] 陈大伟, 张鸽, 李旭宏, 等. 城市对外客运枢纽综合评价研究 [J]. 交通与计算机, 2007 (01)：4-8.

[52] 甄小燕. 2008 奥运对北京城市交通发展的影响 [J]. 综合运输, 2008 (09)：39-42.

[53] 沈中伟. 当代铁路客站的城市角色——基于城市综合换乘的我国新型铁路客站设计关键 [J]. 建筑学报, 2009 (04)：72-74.

[54] 潘维怡. 从割裂城市到创造沟通——以城市设计角度浅析铁路站房更新模式演化 [J]. 华中建筑, 2010, 28 (04)：89-92.

[55] 王念念. 高铁车站区域交通接驳研究 [J]. 山西建筑, 2013, 39 (18)：9-11.

[56] 樊丽. 高铁时代轨道交通枢纽功能和换乘研究 [J]. 山西建筑, 2013, 39 (08)：8-10.

[57] 骆玲. 高速铁路对沿线城镇发展的影响 [J]. 西南民族大学学报 (人文社会科学版), 2013, 34 (05)：109-113.

[58] 奥森清喜. 实现亚洲城市的站城一体化开发——展望城市开发联合轨道建设的未来 [J]. 西

部人居环境学刊, 2013 (05): 85-89.

[59] 徐文娟. 标识导向系统与城市公共空间的关系 [J]. 大舞台, 2015 (06): 250-251.

[60] 高光明. 浅析近期铁路站房造型设计中地域文化的表达 [J]. 福建建筑, 2015 (08): 41-43+15.

[61] 李丛笑, 林波荣, 魏慧娇, 等. 我国绿色建筑使用效果后评估实践 [J]. 动感(生态城市与绿色建筑), 2015 (01): 53-58.

[62] 刘宇, 方静. 基于公共空间视角下的标识设计研究 [J]. 包装工程, 2016, 37 (08): 59-62.

[63] 宋谷长. 高铁站配套停车场停车特征及利用率估算模型研究 [J]. 道路交通与安全, 2016, 16 (02): 11-14+22.

[64] 盛晖. 中国第四代铁路客站设计探索 [J]. 城市建筑, 2017 (31): 22-25.

[65] 吴广宇. 高铁站区绿化设计和应用研究 [J]. 黑龙江科技信息, 2017 (04): 268.

[66] 朱强, 李雄. 京张铁路北京城区段的百年回顾与反思 [J]. 北京规划建设, 2017 (04): 91-94.

[67] 刘月. 城市综合客运枢纽交通功能评价指标体系研究 [J]. 北方交通, 2017 (05): 149-152.

[68] 彭其渊, 姚迪, 陶思宇, 等. 基于站城融合的重庆沙坪坝铁路综合客运枢纽功能布局规划研究 [J]. 综合运输, 2017, 39 (11): 96-102.

[69] 华建集团华东建筑设计研究总院. 上海虹桥综合交通枢纽, 上海, 中国 [J]. 世界建筑, 2018 (04): 32-39.

[70] 徐捷. 基于交通建筑绿色设计与评估方法研究 [J]. 住宅与房地产, 2018 (06): 89.

[71] 李偲偲. 高铁站停车场规模设计的经济模型分析 [J]. 经贸实践, 2018 (06): 141-142.

[72] 岳阳春, 于志宏, 管竹笋. 从伦敦东区看北京新首钢地区 让奥运会成为城市发展的助推器 [J]. WTO经济导刊, 2018 (10): 39-44.

[73] 孙一铭. 浅谈建筑使用后评价的重要性——分析其对建筑设计方法的影响与作用 [J]. 中外建筑, 2018 (04): 55-57.

[74] 元利兴. 冬奥会与京津冀协同发展 [J]. 前线, 2019 (01): 65-67.

[75] 戴一正, 程泰宁, 陈璞. "站城融合发展"初探 [J]. 建筑实践, 2019 (09): 16-23.

[76] 盛晖. 站与城——第四代铁路客站设计创新与实践 [J]. 建筑技艺, 2019 (07): 18-25.

[77] 庄惟敏. 建筑策划与后评估教育的发展与展望 [J]. 住区, 2019 (03): 6-7.

[78] 石郁萌, 李全瑞. 京津冀精品客站站城一体化研究 [J]. 北京规划建设, 2019 (S1): 84-86.

[79] 张玲. 日本站城一体化开发与轨道沿线的社区营造 [J]. 世界建筑导报, 2019, 33 (03): 8-10.

[80] 毛晓兵, 李飞. 站城一体重庆市沙坪坝站铁路综合交通工程 [J]. 建筑技艺, 2019 (07): 52-56.

[81] 春舫. 站城一体化的理性思考——兼谈杭州东站枢纽综合体设计策略 [J]. 建筑技艺, 2019 (07): 64-69.

[82] 靳聪毅, 沈中伟. 基于站城融合理念的当代铁路客站设计内涵初探 [J]. 设计, 2019, 32 (21): 85-87.

[83] 张鹤. 地域文化特色的建筑符号表达——以高铁雅安站站房设计为例 [J]. 华中建筑, 2019, 37 (06): 46-50.

[84] 张玲文. 日本站城一体化开发与轨道沿线的社区营造 [J]. 世界建筑导报, 2019 (03): 8-10.

[85] 靳聪毅, 沈中伟. 基于"站城融合"理念的城市铁路客站发展策略 [J], 城市轨道交通研究, 2019, 22 (03): 12-15+55.

[86] 靳聪毅, 沈中伟. 以站城融合为导向的当代铁路客站发展研究 [J]. 建筑技艺, 2019 (07): 80-83.

[87] 崔叙, 赵伟名, 喻冰洁. 站城融合的空间规划技术与策略——基于城乡规划学科领域的再思考 [J]. 建筑技艺, 2019 (07): 26-29.

[88] 黄敏恩, 梁智锋, 许成汉, 等. 站城融合的立体都市巨型建筑全流程全要素设计方法探讨——以金融城站综合交通枢纽为例 [J]. 建筑技艺, 2019 (07): 84-91.

[89] 欧宁. 京张高铁清河站站房绿色设计研究 [J]. 铁道勘察, 2020, 46 (01): 1-6.

[90] 马昌. 佛山西站"站城融合"一体化设计探索 [J]. 铁道建筑技术, 2020 (10): 70-74.

[91] 黄杰. 城市更新中高铁站与城市的融合研究 [J]. 城市建筑, 2020, 17 (27): 96-97.

[92] 欧宁. 京张高铁车站设计创新研究 [J]. 铁道标准设计, 2020, 64 (01): 164-169+193.

[93] 周总印. 从京张铁路到京张高铁的百年跨越与蝶变 [J]. 档案天地, 2020 (06): 31-36.

[94] 褚冠男. 从站房角度谈京张高铁文化的表达 [J]. 铁道勘察, 2020, 46 (01): 12-18+102.

[95] 崇志国. 大型综合地下交通枢纽的站城融合设计策略 [J]. 建筑技艺, 2020, 26 (09): 72-76.

[96] 孔庆超. 京张高铁对沿线地区经济发展的影响探究 [J]. 物流工程与管理, 2020, 42 (04): 137-138.

[97] 孔祥飞. 京张高铁"一站一景"站区生产生活房屋整合优化研究 [J]. 中国房地产业, 2020, (16): 32, 34.

[98] 黄黎晨.《站城一体开发——新一代公共交通指向型城市建设》解读 [J]. 城市交通, 2020, 18 (02): 132-134.

[99] 曾如思, 沈中伟. 多维视角下的现代轨道交通综合体——以香港西九龙站为例 [J]. 新建筑. 2020 (01): 88-92.

[100] 郭源园, 杨林川, 崔叙. 高铁枢纽站"站—城"融合的概念框架与思考 [J]. 现代城市研究, 2020 (09): 10-17.

[101] 孙娜, 张梅青, 陶克涛. 高铁时代的城市经济增长路径与效益机制研究 [J]. 经济与管理研究, 2020, 41 (05): 44-63.

[102] 金旭炜, 毛灵, 王彦宇. 铁路旅客车站结合城市设计"站城融合"理念探索 [J]. 高速铁路

技术, 2020, 11 (04): 17-20.

[103] 崇志国. 基于城市空间一体的地下车站建筑设计研究——以北京地铁环球影城站为例[J]. 铁道标准设计, 2020, 64 (12): 120-123+154.

[104] 田涵文, 贾玉洁, 冯小学. 站城融合视角下的京张高铁清河站东广场设计研究[J/OL]. 铁道标准设计: 1-6[2021-03-14]. https://doi.org/10.13238/j.issn.1004-2954.201912220001.

[105] 傅慧敏, 马彬, 卜龙瑰, 等. 京张高铁清河站主站房钢结构设计[J/OL]. 钢结构（中英文）: 1-12[2021-03-14]. https://doi.org/10.13206/j.gjgS20072302.

[106] HAY R, SAMUEL F, WATSON K J, et al. Post-occupancy evaluation in architecture: experiences and perspectives from UK practice[J]. Building Research and Information: the International Journal of Research, Development and Demonstration, 2018, 46 (6): 698-710.

[107] DAI J, JIA S, LV F. Evaluation of the Front Square of Harbin West Railway Station Based on POE Method[J]. IOP Conference Series. Earth and environmental science, 2019, 234 (1): 12003.